# 成功EQ密码
# Emotional
# Intelligence 2.0

[美] 特拉维斯·布拉德伯利
吉恩·格里夫斯　　　著

李静媛　译

中国商业出版社

图书在版编目（ＣＩＰ）数据

成功 EQ 密码 /（美）布拉德伯利（Bradberry, T.），
（美）格里夫斯（Greaves, J.）著；李静媛译 . —北京：
中国商业出版社，2010.7
ISBN 978-7-5044-6977-9

Ⅰ . ①成… Ⅱ . ①布… ②格… ③李… Ⅲ . ①情绪 –
智力商数 – 通俗读物 Ⅳ . ① B842.6–49

中国版本图书馆 CIP 数据核字 (2010) 第 131699 号

著作权合同登记号　图字：01-2010-4651 号

责任编辑：孙锦萍

中国商业出版社出版发行
010–63180647 www.c–cbook.com
（100053 北京广安门内报国寺 1 号）
新华书店总店北京发行所经销
环球印刷（北京）有限公司印制

880×1230 毫米　32 开　6.5 印张　120 千字
2010 年 9 月第 1 版　2010 年 9 月第 1 次印刷
定价：25.00 元
★★★★★
（如有印装质量问题可更换）

此书献给 TalentSmart 的忠诚的执业培训师们，

以及所有参加培训的人：

是你们的热情给这本书注入生命。

以下各位为本书做出了重大贡献，特此致谢：

苏·德拉扎勒，理科硕士 (Sue DeLazaro, M. S.)

莫丽莎·曼德，博士 (Melissa Monday, Ph. D. )

简·瑞雷博士，在读博士 ( Jean Riley, Ph. D, ABD)

莱克·D·苏博士，在读博士 (Lac D. Su, Ph. D, ABD)

尼克·泰斯勒，理科硕士 ( Nick Tasler, M.S)

埃里克·托马斯，工商管理硕士，理科硕士 ( Eric Thomas,
MBA, M. S.)

林赛·赞 ，理科硕士 (Lindsey Zan, M. S.)

# 中文版序

　　今天的世界变化很快，并且永远不会停止改变。想要在改变中求生存、求发展，需要人们有高情商。情商会帮助你改变对自己和周围事物的认识，给你必要的知识装备，改善你与别人的关系。在工作中，你大部分的表现取决于情商，在家庭生活中也是如此。而你的孩子们就像陶土，你是他们的榜样，每一天都塑造着他们的情商。

　　我们已经对全世界五十多万人进行了情商研究，可以确保这本书的内容不仅适合美国人，对中国人也很重要。我们通过对中国情商文化的研究，发现了中国人的"秘密武器"（见本书第 171 页），我相信这一定会引起你的浓厚兴趣。盼望大家都能够把在本书中学到的知识运用在实践中，真正掌握中国人的"秘密武器"。

特拉维斯·布拉德伯利

于加州圣地亚哥

# 目 录

# 前　言

　　不是教育。不是经验。不是知识或者智力。这些因素都不能充分说明为什么有人成功，有人却一事无成。成功另有原因，人们似乎未曾发觉。

　　在我们工作的地方、家中、教会、学校和街坊邻里间，每天都可以见到这样的例子：看上去很聪明、受过良好教育的人艰难维生，而另一些人鲜有令人瞩目的才能或特长，却发展得很好。为什么呢？

　　答案几乎总是与"情商"这一概念有关。比起智商或工作经验，情商既难以鉴别或衡量，又很难在工作履历上表现出来，但它的作用是不可否认的。

　　如今，我们对情商这个概念已不陌生，这个话题也被谈论了一段时间，但不知道为什么，人们仍没学会驾驭它的力量。和社会上的其他人一样，我们不断地把自我完善的精力放在追求知识、经验、才智和教育上。坦率地说，如果我们能完全掌握我们的情感，这倒也没有问题；就更不用说理解别人的情感，以及它对我们日常生活有着多么深刻的影响。

我认为，情商概念的普及与其在社会中的应用之间存在差距，有两方面的原因。首先，人们对它并不了解。人们往往误以为情商是一种个人魅力，或者指一个人很合群。其次，人们误以为情商出于天然，不明白情商是可以通过训练提高的。

本书的作用正在于此，通过真正了解情商，了解如何在生活中管理情感，我们可以使储备多年的知识、教育和经验更好地发挥作用。

因此，无论你是多年来一直对情商感到好奇，或是对其一无所知，这本书都能极大地改变你对成功的看法。你或许还想把这本书再读上一遍呢。

帕切克·朗西奥尼
《团队的五种功能失调》作者

# 导　言

　　当布奇·科纳下了汽车，踏上鲑鱼溪海滩时，迎接他的是加州暖融融的阳光。这是周末长假的头一天，早上去冲浪是再美不过的事，当地大多数冲浪者都会这么想。半个小时后，布奇决定离开大家。他一头扎入水中，用力地划水，渐渐远离人群，到了一处偏远的海滩，在这里他可以独自享受冲浪之乐。

　　布奇到了离其他冲浪者三四十米远的地方。他架起冲浪板，随着波浪上下起伏，等待着令他欢欣鼓舞的海浪。这时，一个美丽的、蓝绿色的浪头高高地向着岸边打过来。布奇把冲浪板放下，准备要迎上这股浪头，突然，身后浪花飞溅发出的巨响令他禁不住回头看，这一看把他吓呆了：在他右后方，一条35厘米长的灰色鱼背鳍正斩断水流，朝他划过来。布奇的肌肉抽搐着，僵在那里，吓得倒吸凉气。他拼命集中注意力。他看到阳光照在那湿漉漉的鱼鳍上，听见自己急促的心跳声。

　　在那澄澈的、波光粼粼的海面上，高高翻卷的海浪把布奇带到最恐怖的噩梦里——那头大白鲨有四米多长。恐惧似乎使血液都凝固了，布奇愣在那里，任由高高的浪头翻滚而过，乘着波浪迅速回到海岸附近安全地带的机会也过去了。现在只有他和鲨鱼了。鲨鱼慢悠悠地游了一个半圆，转到布奇左边，头朝着他。布奇呆愣愣地看着这条大鱼越游越近，完全忘记了自己的左腿还垂在冲浪板下，悬在冰冷的海水里。布奇想："这鱼几乎和我那辆大众车一样大啊。"当鲨鱼背鳍越来越近的时候，他突然冲动地想要伸手去摸鲨鱼。"反正它就要把我吃了，干吗不摸摸呢？"

鲨鱼没给他这个机会。它张开大嘴，从下方咬向布奇的腿。鲨鱼向上伸出的头大如巨石，而布奇的腿就在鱼头的上面，刚好躲过了那吃人的大口。他滚到冲浪板另一面，掉进了危机四伏的水中。布奇拍打水面的声音，惹得鲨鱼狂怒起来。它狂乱地晃着头，嘴巴一张一合。这个白色的庞然大物什么也没咬着，只是四处乱撞，激起了大片水花。漂浮在一千多公斤重的杀手旁边，布奇竟然毫发未损。然而，摆在面前的严峻现实是，这个穷凶极恶的家伙不大会再次失手。大难来临之前，布奇满脑子想的就是怎么能快快逃脱。

鲨鱼停止了攻击，紧紧地贴着布奇游。布奇没有爬上冲浪板，而是把胳膊搭在板上，面朝下浮在水中。鲨鱼转身时，他也沿着冲浪板转，把这块板当作屏障，挡在自己和食人者之间。在等着鲨鱼下口的当儿，布奇的恐惧转为一腔怒火。鲨鱼又朝他来了，布奇决定要跟它干一仗。他把冲浪板尖尖的头对准了渐渐逼近的鲨鱼。当鱼头伸出水面正要咬时，布奇把板尖猛地塞进了鲨鱼狭长的鳃里。这个突袭把鲨鱼弄得又一次惊慌地扭动起来。布奇爬到冲浪板上，对着岸边冲浪者大喊道："鲨鱼！"听到布奇的警告，看见他周围搅动翻腾的白浪，冲浪者们都急忙向岸上跑去。

布奇也朝安全地带游去，但游了不远，鲨鱼就把他的路堵死了。它出现在通向岸边的途中，又一次围着布奇游动。布奇想象着可怕的结局，且战且退的战术仅仅是在拖延时间，令人窒息的恐惧再次揪住了他。布奇浑身哆嗦地躺在冲浪板上，鲨鱼围着他打转。他尽力把板尖对准鲨鱼的方向，但是已经吓得没有力气再回到水里，把冲浪板当屏障用了。

布奇一下子感到恐惧，一下子又感到悲伤。想到没有他，三个孩子该怎么办？他的妻子要花多长时间才能恢复过来，继续她的生活？他想活下去，他想逃离这个庞然大物。但他必须先安静下来。布奇确信鲨鱼像疯狗一样，会嗅出他的惊恐。他决心控制住自己，因为恐惧会诱使鲨鱼出击。让他有些意外的是，他的身体竟然听从了指示——他不再哆嗦，血液重又回到四肢当中。他觉得有气力了，他开始游了。布奇真的游起来了，直直地向岸边游去。五分钟就能抵达岸边，但是，这个过程真是惊心动魄，他像发疯一样拼命地游，因为阵阵激流让他感到背后的鲨鱼随时都会咬下致命的一口。当布奇到达岸边时，大家都在等着他。冲浪者们拍着他的后背，感谢他及时发出警告。对布奇·科纳来说，站在地上的感觉真是前所未有般美好。

## 理智与情感的冲突

那天早晨，布奇并不是仅仅和大白鲨进行了一场水上战斗而已。在布奇的头脑深处，他的理智力图阻挡强烈的情感冲击，以便控制自己的行为。在大段时间里，他的情绪占了上风，通常这是不利的（让他惊慌），但有时也会有好处（怒火中烧地用冲浪板猛击鲨鱼）。经过巨大的努力，布奇意识到鲨鱼是不会放过他的，他镇定下来，冒险游到了海边，救了自己的命。虽然我们大多数人永远也不

可能和大鲨鱼搏斗，但是每一天，像布奇那样的战斗都会
在我们脑子里进行。

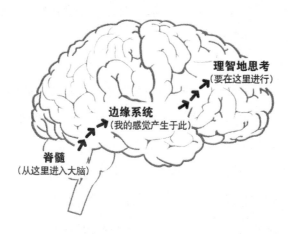

情商的物质通道始于大脑，在脊髓的位置。在你理智地思考
所经历的事情之前，初步的知觉从这里进入，而且必须被传送到
大脑前部。这些知觉首先要传入边缘系统——这是体验情绪的地
方。情商要求大脑的理智与情感中心进行有效的交流。

要保持良好的生活状态，关键是每天都要有效地处理
好情绪。我们头脑的天然构造，使得情绪处于主导地位。
事实上，你看到、闻到、听到、尝到和摸到的每样事物，
都会以电子信号的方式在你的体内传播。这些信号经过一
个个细胞后到达终点——大脑。他们先进入大脑底部接近
脊髓的地方，但必须要传到额叶（在前额后面），才会到

达用理性、逻辑进行思考的地方。问题是，这些信号在途中要经过大脑的"边缘系统"——这是情绪产生的地方。因此，在你的理智发生作用前，你首先是用情绪去体验这些事物的。

大脑中，进行理智思考的部位（脑前部），不能够阻止边缘系统"感觉到"情绪，但是两个部位确实彼此影响，并保持不断的交流。大脑中情感和理智两个部分的交流，就是"情感智能"[1]的生理基础。

在研究智商（IQ）与人的实际表现之间的关系时，人们首次发现了情感智能这个被忽略的环节。调查结果显示，智商高的人只是在20%的情况下表现胜过普通智商的人；而在70%的情况下，普通智商的人的表现胜过高智商的人。许多人想当然地把成功归因于高智商，但这个反常的现象无疑给此类臆断重重一击。科学家们认识到，智商之外，必然另有一个变量可以解释一些人成功的原因，这个因素比智商更重要。多年的探索和大量研究结果表明，情商（EQ）就是这个关键因素。

一次《时代周刊》的封面文章以及大量报道让无数人认识了情商。人们一旦对此有了接触，就想了解更多。他

---

1　Emotional intelligence, 也可译为情绪智能，情感智力等。

们想知道情商发挥作用的原理，也想知道哪些人的情商比较高，最要紧的是，人们想知道他们自己的情商如何。为满足人们这种愿望，一些书出现了，包括我们的这一本——出版于 2004 年的《情商速通》(The Emotional Intelligence Quick Book)。这是本难得的好书（现在依然如此），每本书里包含一个上网密码，供读者上网参加世界上最受欢迎的情商测验——情商评估。这本书对情商进行了详细的讲授，既满足了读者的求知欲，也为读者提供了一个自我认识的新视角，这是读者在其他地方找不到的。

《情商速通》正好满足了大众的需要，它立刻成为畅销书，被译成 23 种文字，行销 150 多个国家。但是时代在改变中，情商的研究领域正遽然涌起新的浪潮。人们不仅要知道，而且要理解，如何才能提高自己的情商，以致长久受益，给他们的生活带来深刻而积极的影响。在《情商速通》出版前，只有少数人知道自己的情商指数，如何提高情商的学习只是在一个很小的圈子内进行。我们公司每周为几百人进行提高情商的培训，但即使以这样的速度，也要用 3840 年才能把全美国的成年人都培训一遍！我们觉得自己不应妨碍这一重要信息的传播，我们相信每个人都应该拥有提高自己情商的机会，于是写作了此书，让这个想法有机会成为现实。


## 你的旅程

《成功 EQ 密码》有一个目标：提高你的情商。这本书能带给你的，远远不止于让你知道情商是什么、你的情商指数是多少。你会发现，你今天就可以开始使用久经考验的策略，把你的情商指数提升到新的高度。改变自己并在生活中应用新技巧时，你会因为不断提高的情商而获益。

本书中的 66 个策略，是多年来对和你一样的人进行精心测试之后总结出来的。这些策略明确地为你提供了需要去说、去做和去想的具体内容，帮助你提高情商。为了从这些策略中得益处，你要了解那些需要特别关注的地方。在你向高情商迈进的进程中，首先要跨出的重要一步是上网参加新推出的情商评估测验。一开始就参加这个测试，可以为测量你的进步提供一个基准线。测量情商让你的学习不再仅仅是概念上或是激励型训练，你的得分状况会让你知道自己最需要提高哪些情商技能，并准确地为你指明书中哪几项策略会帮助你达到目的。这是本书的新特色，不需要自己去猜，确实能提高情商的最佳策略。

现在，你就可以测量自己的情商。就像找一位搭档学跳华尔兹，如果我告诉你跳舞的步骤，你可能会听得懂，甚至想试着跳一下；如果我亲自为你示范怎样跳，你就有了一个搭档练习每一个步伐，也就有更大的把握记住怎么跳，以后可以步入舞池。你参加情商评估后得到的结果，就是你的舞伴，帮助你培养这些技能。它会提醒你跟着音乐的节拍，朝哪里迈步。

你的网上报告有一个目标跟踪系统，这个系统总结你正在进行的技能训练，并会自动提醒你关注自己的目标。网上学习通过好莱坞电影、电视以及生活中的真实片段，将情商与实际生活联系起来。你也可以把自己的情商指数与别人的相比较。你会看到你的得分比哪类人高；与你有共同特点的人群相比，你的得分怎么样；你还可以根据性别、年龄、地域、工作性质和职位，来"问问"你的得分与其他人的差别。例如，你可能会了解到，与在北美的、四十多岁的市场部女经理相比较，你的情况如何。

现在就参加情商评估，除了可以得到最为精确的得分，你还会知道，你的情商指数随着时间的推移有多大提高。你可以参加两次测验。现在参加一次，经过足够时间的训练并采纳了书中的策略后，再来一次。做完第二次测验后，更新后的反馈报告会把你两次的得分并列在一起，观察你的变化，对以后如何继续运用你的情感智能提出建议。本书最后还附有上网参加情商评估的说明，以及你参加测验所需的特殊密码。

情绪对你既有益又有害，但除非了解它，你就说不出所以然。我们邀请你现在就开始你的旅程，因为我们知道，你将会完全掌管自己的情绪，并理解和情绪有关的一切。

# Emotional Intelligence 2.0

## 第一章
## 大画面

在进一步学习下一章的四种情商技能之前，你需要全面了解关于情商的一些重要内容。在过去 10 年中，我们对 50 万人进行了测试，探索情绪在日常生活中的作用。我们了解到人们是怎样看自己的，也了解到别人是怎样看他们的；对于各种不同选择如何影响个人生活和事业成功，我们也有了更深的认识。

尽管人们对情商越来越关注，但缺乏对情绪的认识和管理仍然是全球性的问题。在我们测试的人群中，只有 36% 的人能够准确地识别自己的情绪。这说明我们中间有 2/3 的人向来是受情绪控制的，他们缺乏及时对情绪做出判断、让它为自己服务的能力。学校里不会教导关于如何感受和理解情绪的知识，我们学会了读写、完成报告等工作技能后，就进入了职场。但是，在面对困难的关键时刻，我们常常缺乏控制情绪的能力。要作出好的决策，仅仅了解事实是远远不够的。作决策时最需要的是清楚的自我认识和对情绪的完全掌控。

想想人们通常表达什么情绪，就不难理解为什么它们会控制成功。我们有许多词可以用来描述生活中出现的感觉，但所有情绪其实都起源于五种核心的感受：高兴、难过、生气、害怕和羞耻。在你每天的生活中，无论是在工作，与家人、朋友在一起，或者吃饭、锻炼、放松甚至睡觉，你都在受不断涌流出来的情绪的支配。我们往往容易忘记，不管是否是有意识，我们对生活中发生的每件事情都会作出情绪上的反应。情绪的强度不同，表现形式也不一样，这体现出情绪的复杂程度。

| 感觉的强烈程度 | 高兴 | 难过 | 生气 | 害怕 | 羞耻 |
|---|---|---|---|---|---|
| 强烈 | 兴高采烈<br>欣喜若狂<br>喜出望外<br>激动不已<br>兴致勃勃<br>喜气洋洋<br>激情洋溢 | 忧伤<br>痛苦<br>孤独<br>受伤<br>受挫<br>绝望<br>悲伤<br>忧愁 | 狂怒<br>愤怒<br>暴怒<br>怒极<br>盛怒<br>冒火<br>憎恶<br>被出卖 | 吓坏了<br>惊骇<br>惊呆了<br>吓呆了<br>恐惧<br>惊慌失措<br>发狂<br>震惊 | 悔恨<br>自责<br>被诽谤<br>自轻自贱<br>丢脸<br>受辱<br>窘迫<br>受指责 |
| 较强 | 乐滋滋<br>快意<br>开心<br>宽心<br>满意<br>喜悦 | 伤心<br>闷闷不乐<br>迷茫<br>苦恼<br>失望<br>伤感 | 恼怒<br>生气<br>抗辩<br>泄气<br>焦虑<br>厌恶 | 疑惧<br>受惊<br>被吓住<br>心神不定<br>不安<br>屈服 | 愧悔<br>可耻<br>畏畏缩缩<br>愧疚<br>尴尬<br>偷偷摸摸 |

| 感觉的强烈程度 | 高兴 | 难过 | 生气 | 害怕 | 羞耻 |
|---|---|---|---|---|---|
| 较弱 | 高兴<br>知足<br>愉快<br>温和<br>乐意<br>悠闲 | 不高兴<br>郁郁寡欢<br>凄凉<br>心烦<br>灰心<br>不满 | 心绪不宁<br>烦恼<br>紧张不安<br>抗拒<br>烦躁<br>易怒 | 十分小心<br>紧张<br>担心<br>胆怯<br>缺乏信心<br>发愁 | 忸怩不安<br>可笑<br>后悔<br>不安<br>可怜<br>愚蠢 |

表格首行从左至右为五种核心情绪。每一列中为每种情绪的强弱表现。
经由朱利亚·韦斯特（Julia West）准许改制。

# 诱因和情绪挟持 [1]

当布奇·科纳受到大白鲨袭击时，他经历了好多种情绪的挟持。当他的情绪控制了行为时，他想也不想就作出了反应。一般情况下，你的情绪越激烈，行为就越容易受到情绪的控制。生死攸关的事情——比如被一个巨兽袭击——肯定会引发即时的情绪挟持。

布奇的情况是，情绪挟持让他惊慌失措。但是在大鲨鱼面前，布奇能够利用自己的思想摆脱情绪的控制。他说

---

1　Emotional Hijackings，也译作情绪绑架，指人的行为完全受情绪控制的状态。

服自己，直到平息了恐慌，镇定下来，终于一直游到了岸边。布奇的思想并没有把害怕和惊恐完全驱逐出去，但是这些想法的确解除了情绪对他行为的挟持。

既然大脑的构造决定了我们是情绪化的，那么，我们对任何事情的第一反应肯定是情绪方面的。你无法控制这一反应过程，你能够控制的，是情绪之后的"思想"，只要你意识到自己的情绪，你做出反应的决断力就会更强。有时候你很容易发觉自己的情绪，而有时却麻木不仁。那些总在你心里造成同样情绪反应的事情，叫"诱发事件"。你个人的过往，包括相似的经历，使你对这些诱因形成了类似反应，当你积累了更多的情商技能时，你会一眼认出你的情绪诱因，训练自己对它作出有益的回应，这种回应方式将渐渐成为你的习惯。

## 如何全面评估一个人

情感智能是指你对自己和他人情绪的识别和理解能力，以及用这种意识管理你的行为、处理人际关系的能力。情感智能人人都有，但总有点难以捉摸，它会影响到我们对自己行为的管理、对复杂社会关系的把握，以及决策的正确性。

情感智能涉及到人类行为最根本的部分，它与人的智力毫不相关。据我们所知，智商与情商没有什么联系，你不能根据一个人的聪明程度来预见他的情商。智商是不可变的。除非你的大脑受过创伤，否则它是天生不变的。学习新知识和新信息不会让你变得更聪明。智力是你学习的能力，15 岁和 50 岁时都是一样的。另一方面，EQ 是可以通过学习来提高的。尽管确实有些人生来就比其他人拥有更高的情商，但是即便你没有这个先天条件，还是可以培养出高情商。

性格是这个难解之谜中的最后一个关键。我们每个人都拥有大致不变的性格类型。你的性格取决于你的喜好，比如内向或是外向。然而，和智商一样，性格不能用来预见人的情商，而且人的性格也是终生不变的。性格特点在早年就出现，不会消失。人们常常想当然地认为，有些特点（比如外向）与高情商相关，但喜欢交往的人不见得会比喜欢独处的人情商更高。你可以利用性格来帮助你培养情商，但后者并不依赖于前者。情商是可变的，性格却是不变的。把情商、智商和性格放在一起进行评估，是对一个人做出全面评估的最佳途径。当你对一个人的这三部分都作出衡量时，它们重合的地方并不多。相反，每一部分都占据独特的领域，帮助我们解释各人不同的行为特征。

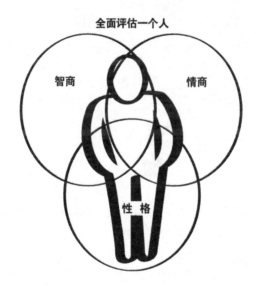

智商、性格和情商是我们大家都拥有的三种不同特性。它们一起决定了我们如何思考和行事。根据其中一项来推测另外两项的情况，几乎不可能做到。有人可能很聪颖，但情商很低。而各种性格的人都可能拥有高情商或高智商。这三个特性中，只有情商是可以塑造，能够改变的。

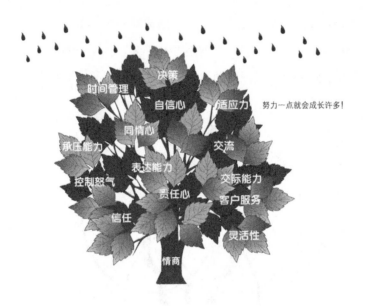

情商是许多重要技能的基础。为增进情商付出一点努力，就会对你的生活产生大范围的积极影响。

情商对成功有多大影响？非常大！最好的方法是专注于在能获得最佳结果的方向上努力。我们测试情商的同时，也评估另外 33 种重要的职场行为，结果发现，情商与大多数职场行为有关联，包括时间管理、决策和交流。情商是许多重要技能的基础，它几乎影响着你每天说的每一句话、做的每一件事。对想要成功的人来说，情商实在很重要。无论任何工作，人们的工作表现 58% 取决于情商指数。

情商是在工作场所表现出的最大可预见因素，也是领导力和个人能力表现优异的最强驱动力。

无论人们的情商指数高低，他们都可以通过努力来提高自己的情商。得分低的人实际上可以赶上他们的同事。在澳大利亚昆士兰州立大学商学院进行的研究发现，情商低和工作成绩不佳的人，只要努力提高自己的情商，就能赶上情商高和工作成绩优异的人。

在我们研究的所有在职人员当中，90% 的高效工作者都是高情商的人。另一方面，高情商的人中只有 20% 业绩不佳。也许情商很低也能高效工作，但这种情况发生的几率极小。培养情商有助于一个人获得成功，因为这两者是密切相关的。高情商的人自然会赚更多的钱——平均年收入比低情商者多 29000 美元。情商与收入紧密挂钩：情商指数每高出 1 分，年收入就会增加 1300 美元。这个发现适用于全世界各个阶层、各种不同工作的人群。我们还没能找到任何一种工作，其表现和收入不与情商紧密相关。

当今，为了事业成功与生活充实，你必须学会最大程度地提高你的情商技能。那些有着独特思路与情绪感受的人们可以取得最大的成就。本书余下部分，会让你看到如何取得这样的成功。

Emotional
Intelligence 2.0

## 第二章
## 情商的四种技能

为了真正提高情商的四种技能，你需要更好地了解每样技能，及其在行动中的表现。这四样技能两两成双，一对属于个人能力，一对属于社交能力。个人能力由自我意识和自我管理构成，这种能力主要影响你与自己，而非与他人的关系。个人能力是指明察自己的情绪，以及管理自己的行为和意向的能力。社交能力由群体意识和人际关系管理能力构成，是你为改善人际关系去了解他人的心情、行为和动机的能力。

| 个人能力 | ⇨ | 自我意识 | 自我管理 |
|---|---|---|---|
| 社交能力 | ⇨ | 群体意识 | 人际关系管理 |

这四种技能综合起来构成情感智能。自我意识 (Self-awareness) 和自我管理 (Self-management)，多是关乎你与自己的关系；群体意识 (Social-awareness) 和人际关系管理 (Relationship-management)，关乎你与他人的关系。

## 自我意识

所谓自我意识，是指准确感知自己当前的情绪，明白你在情况转变的时候会有什么情绪倾向的能力。它能使你在遇到特殊事件、困境和他人时，保持最佳反应状态。深刻认识你的情绪倾向很重要，能够让你迅速明白产生这种情绪的原因。要达到高度的自我意识，必须有一定的心理承受能力，因为要关注的感觉往往是令人不快和负面的。

想要真正了解你的情绪，唯一途径是花足够多的时间仔细想想：情绪是在什么情况下出现的，为什么会在那时候出现？情绪总是为达成一定的目的而存在的。情绪是对生活经历的反应，因此总是有根源的。很多时候，情绪似乎是无故出现的，所以要搞清楚某些事件为什么会激起你的情绪反应。了解原因，就能很快抓住情绪的本质，而查清引起强烈情绪反应的原因，总是需要一番考量的工夫，凡事多思则寡悔。

自我意识并不是去发掘深藏的、阴暗的秘密或潜意识里的动机，而是为了培养一种认识能力，明确了解你自己行为的原因。什么事情他们能做好，什么事情能激励他们、让他们心满意足，哪些人和哪些情况会惹他们发火，有高度自我意识的人对这些知道得很清楚。

好消息是，仅仅通过思考，我们就能提高自我意识的能力，即便我们首先关注的往往是我们做得不对的地方。有自我意识就说明你不怕情绪上犯错误，这些错误让你知道应该怎么改变，而且也为你将来的生活提供你所要了解的丰富信息。

自我意识是一种基本技能。当你拥有自我意识时，使用其他几项技能就来得更容易了。随着自我意识的增长，人们对生活的满足感就会骤然上升（主要理由是否能够达到工作和家庭生活的目标来界定）。自我意识在职场中非常重要，83% 的高绩效工作者都有高度的自我意识。只有2% 的工作表现不良者有高度的自我意识。因为，一个人自我意识明确时，他会更可能去追求正确的机会，把优势运用于工作中；也许更重要的是，不会让情绪阻碍自己前进。

人们从未像现在这样需要自我意识。心理学单纯从病理学的角度去看待自我意识，在这种错误观念的引导下，我们想当然地认为只有面对危机的时候，才有必要学会去了解自己。我们往往乐意接受让我们觉得舒服的事物，觉得不舒服的时候就把眼睛蒙起来。但只有全面的评估才能帮助我们。对美和缺陷了解得越多，我们就越能发挥出全部潜力。

## 自我意识的表现

### 戴夫，地区客服经理
### 自我意识得分：95[1]
### 同事对他的评价：

"戴夫有清楚的长期目标，他不会为眼前利益作出牺牲。戴夫是那种把话说在前面的人，不跟人耍心眼。在公司会议和与客户见面时，我见证了他的坦率。"

"关于戴夫，我能举的最好例子就是他刚来公司时的工作方式。我确信那时人们强烈希望马上在本地团队中进行一些改变，但是戴夫细心调查分析了当时的局面，包括工作人员和顾客的情况，之后才提出改变建议或指示。"

"简言之，戴夫可以控制他的情绪，而不会被情绪控制。我见过他在遇到很麻烦的业务情况时，只略略皱了皱

---

1　情感智能评估分数标准为 1~100。得分与同事的评价都是真实的，但姓名与其他身份情况都作了改动。

眉头，然后迅速转移注意力，去和同事们一起寻找改善局面的办法。"

## 玛丽娅，人力资源经理

自我意识得分：90

同事对她的评价：

"据我观察，无论情况是好是坏，玛丽娅总是保持沉着冷静、泰然自若，即使有时她肯定感到挫败或生气。玛丽娅会坦然表达她的感受，但决不会失态。面对困难的局面，她清楚如何做到观点明确，同时保持亲切的态度。"

"她在任何时候都坦率和真实，这对每一位和她打交道的人都很重要。依我看，玛丽娅不需要改变这一点。事实上，在有些情况下她可以稍微严厉些。她意识到这个问题，并注意不要使自己的善意变成绊脚石。"

"在处理棘手的员工问题时，玛丽娅总是很清楚自己说话的语气，尽力使谈话适当进行下去。人们都信任她。"

# 缺乏自我意识的表现

**蒂娜，销售部经理**

**自我意识得分：69**

**同事对她的评价：**

"有时，蒂娜的压力和紧张感表现得很明显，令他人倍感压力。如果她能明白，自己的行为会如何影响别人的工作，给别人带来情绪上的压力，那就好了。还有，她有时候显得自我防御意识很强，或过于咄咄逼人。所以，如果她多注意自己说话的语气和用词，情况就会好些。"

"如果一切都很顺心，她的情商技能会强一些。她需要学会观察自己，识别她情绪的诱因，这样，当她的情绪被触动的时候，就会作出适当的反应。"

"她需要更清楚地意识到，自己带给别人什么样的感受。她会给人非常吹毛求疵的感觉，但我觉得她并不想这样。"

贾尔斯，业务主管

自我意识得分：67

同事对他的评价：

"贾尔斯常常沉浸在自己的小世界里。他显然很关心同事，但好像不知道关心的边界在哪里。他有点儿热情过火，当别人被他搞得恼火、沮丧或不知所措时，他却毫无察觉。"

"与顾客在一起时，他很善于介绍我们的产品和服务。对于公司的项目，有时他太关注结果，反而忽视了进展的过程。如果他能静下来，好好理一理思绪，看看可供选择的方案，以便达到预期的目的，事情会进展得更加顺利。"

"贾尔斯对工作充满热情。有时这种热情反而成了障碍。他不大注意我在忙着别的事情，自顾自地跳进我的办公室，滔滔不绝地说话。他兴奋起来的时候，声音会压过你的声音，让人很难插进一句话。他并不是故意要这样，只是对自己的事感到兴奋而已。"

## 自我管理

自我管理，是指当事情发生时控制自己行为的能力。它取决于你的自我意识，是个人能力的第二个重要组成部分。自我管理是在意识到情绪之后，灵活积极地引导自己行为的能力，即管理你对处境以及他人所做出的情绪反应的能力。有些情绪会让你惶恐，以至于思维混乱不清，好像本该做点什么事，却找不到好做法。在这些情况下，当你思考你的情绪和选择时，你对不确定因素的承受能力表明了你的自我管理能力。一旦你了解自己的感受，并且让自己适应这种感受，最好的行动方案就会自然呈现。

自我管理不仅仅是忍住爆发或出格行为，更大的挑战在于控制自己习惯的行为倾向，在各种处境下应用自我管理的技能。有些明显的诱因是容易被察觉的，比如被一条汪汪叫的狗激怒时，人们知道必须立即进行自我控制，然而，把你眼前的需要放在一边，追求更大、更重要的目标，才是真正有成果的自我控制。这些目标常常会延迟实现，也就是说，你的自我管理的承诺，会受到一次又一次的考验。最善于自我管理的人，能够看透事情而不被击垮。把个人需要放在一边，不断管理自己的行为倾向，这样的人就能成功。


## 自我管理的表现


### 莱恩，医疗保健官员

**自我管理得分：93**

**同事对她的评价：**

"在情绪激烈紧张的会议上，莱恩是忍耐、理智的典型。在她周围的人完全陷入混乱的讨论时，莱恩却在积极倾听，做出有见识、明智的回应。"

"我亲眼见过她妥善处理困难的局面，比如终止雇员的合同。莱恩很敏锐，同时又不绕弯子。她听人说话时很耐心，对做事情有很高的标准。"

"莱恩擅长与人单独打交道。她擅于交谈，头脑敏捷，在紧急关头沉得住气。她能把情绪和逻辑区别开来，这使她成为一个策略高明的管理者。我希望有更多像她这样的人。"

叶什，计算机程序员

自我管理得分：91

同事对他的评价：

"叶什非常善于处理压力和冲突。无论项目经理们如何频繁地对他提出要求，他都不会失去冷静，这让项目经理们非常信任他。虽然有些人的工作方式他并不喜欢，但他也能和这样的人共事。我知道与他们反复沟通有时会让人很泄气，但叶什从来都不会失去耐心。"

"我见过叶什身处极端令人沮丧的境地，因为有些人没做分内的事，他的工作不得不因此耽延。他既礼貌又内行地处理了这件事。虽然心里沮丧，他还是设法再次解释工作步骤，以最佳方式解决问题。"

"我从来没见过叶什说过与他意见不同的人的坏话。很多人在背后议论别人，但他即使对某件事有很强烈的不同观点，也不会在私下议论别人。"

# 缺乏自我管理的表现

杰森，信息技术顾问

自我管理得分：59

同事对他的评价：

"在压力大的情况下，或者出问题的时候，杰森有时显得太急躁、太激烈，或者思维完全混乱。我希望杰森能花点时间冷静下来，慢一点做出反应。他太情绪化了。我亲眼看见，连他的同事都不敢相信他那样和他们讲话。杰森的本意是好的，但是遇到压力会慌张，他的情绪会波及同事。"

"杰森应该注意到，他冲口而出的话给客户和同事带来怎样的影响。他并不是个刻薄的人。他非常关心他人，只是言语太疏忽，说话冲口而出，应当想好了再说。遇到压力的时候，这种事发生的次数更多……就像广告说的一样，他不该让人看到他大冒虚汗。"

"杰森让情绪控制他的行为。有时他做事说话都很心急，我希望他能更耐心一点，看看情况会不会好转，然后再作出反应。好些时候，事情自然会好转，或者不如他想得那样紧迫。但是往往在你还没回过神来，他已经说出一通惊慌的话，让气氛骤然变得紧张。"

**梅，区域销售主管**

**自我管理得分：61**

**同事对她的评价：**

"梅没有必要太诚实，她的职员们并不需要知道公司的所有底细。如果有些事情让她恼火，她应该学会不吭声。她一不高兴，整个部门都阴沉着脸。在一些特定情况下，梅容易紧张。作为一位领导，不去设法化解，反而制造紧张和消极的气氛，这给整个部门的人带来了不良影响。"

"梅很难为员工们取得成绩而祝贺他们，她会因此而嫉妒别人。给人的感觉是，她不想让我成功，而我是在和她竞争。我认为她是个了不起的销售行家，对客户很好。我希望她也能同样善待她的下属。"

"梅需要事前积极主动，而不是事后被动反应。在关键时刻，她不应该流露出紧张情绪。她太关心个人的成就，追求得太迫切，给自己太多的担子。她管理团队的工作量很大，但在开会时她需要控制自己的情绪，让别人也谈谈他们遇到的难处。"

## 群体意识

　　群体意识作为社交能力的第一个组成部分，是一种基础技能。群体意识是你准确把握他人的情绪并真正了解他们情况的能力。这就是说，即使你和别人感受不同，你依然能了解他们在想什么、有什么感受。人们很容易陷入个人的思绪当中，而忘记站在他人的角度考虑问题。群体意识会让你关注他人，专心听取重要的信息。

　　倾听与观察是群体意识中最重要的组成部分。为了听清楚并观察我们周围发生的事情，我们得放下很多原本喜欢做的事情。我们要停止讲话，停止在脑子里自言自语，不要过早在心里盘算别人会提出什么看法，不要提前思考自己下一步该说什么。要想在交往中真正观察别人，对他们的想法和感受作出正确判断，就要进行特别的训练。有时候，你会觉得自己像个人类学家。人类学家谋生的方式是不让个人想法和感觉妨碍自己，对自然状态中的人进行观察。这是一种最纯粹的群体意识，所不同的是你不用拿着望远镜，在一百米外的地方观察事态进展。想要具有群体意识，你和别人在一起的时候，就要注意并理解他们的情绪。这种意识是非常有益的，而且很敏锐。

# 群体意识的表现

**艾方索，药品销售主管**

**群体意识得分：96**

**同事对他的评价：**

"艾方索有一种罕见的才能，他能轻易觉察出别人的情绪变化。他能适应不同的情况，设法和所有人建立联系，包括吃饭、聚会以及与销售人员们一起出差的途中。"

"对销售人员在公司其他部门遇到的阻力，艾方索极为体谅。他总是为自己的销售人员着想，能够体会他们的难处，主动去思考问题出在哪里，人们对他变得非常忠心。"

"为了让团队取得最大成绩，艾方索认识到，情绪对销售人员月底和年底的销售额有很大影响。他很善于在就餐时与外科医师们建立关系，懂得如何在不让人觉得被操控的情况下，引导谈话的内容。"

玛雅，机构开发主管

群体意识得分：92

同事对她的评价：

"玛雅有一种超人的能力，能一眼看出被人们忽视的重要问题，并去解决它们。在谈到一些困难的时候，她很善于理解别人的感受。针对别人的感受，她会做出反应，改变交流的方式来解决问题。她去了解人们的个人生活，因而能更好地理解他们看问题的角度，并和他们愉快地共事。"

"玛雅很善于主持工作会议，她彬彬有礼地听同事们说话，然后提出自己的想法。她诚心诚意地想了解别人，并根据人们所说的话和所做的事情，提出令人钦佩的见解。她增强了团体凝聚力，是位优秀的团队建造者。"

"玛雅是我见过的最积极主动、最有影响力的倾听者。她很擅于把理解他人作为目标，在此基础上发表自己的意见。在尊重别人的同时，她建立了自己的威信。玛雅在鼓舞和启发着人们。她既能让人振作精神，又能让人感到轻松。"

# 缺乏群体意识的表现

克雷格，律师

**群体意识得分：55**

**同事对他的评价：**

即使克雷格有更好的想法，他也得让别人感觉自己的想法也不错。他需要更耐心些，允许别人采纳和他不同的计划，只要这计划同样有效。我希望看到他先设法了解人们的感受和想法，找到根据后，再发表意见或提出解决问题的办法。"

"克雷格需要好好地听人讲话。他要注意别人在说什么，而不是想着自己要说什么。通常，从他的姿势表情可以明显看出他没有听人讲话，这让人反感。我还希望他在陈述别人的观点时，能够更准确些。"

"克雷格是个难打交道的人。他太关心工作，有时给人的感觉是，他不会顾及别人经历了什么事。当他有了新想法（或他从以前的公司带过来的想法），他很难解释清楚，让员工们接受。克雷格应当用耳朵、用心去听别人说话。他似乎有些固执己见，因此很难接受别人的观点或在他的决策中采纳别人的建议。"

瑞秋，项目经理

群体意识得分：62

同事对她的评价：

"瑞秋注意不到会议中非技巧性的情绪。人们在表达观点时的心情和观点的形成过程，她都不会注意到。瑞秋需要学会观察会议中那些非技巧性的、人性的一面，学习去了解人和人的感情。"

"瑞秋会只关心一件事情，以至于只见树木，不见森林。这让我们这些在她身边的人不顺心。她向来不会注意我们有什么反应，在埋首企业规划的各种细节之前，她应该了解一下坐在桌边的每个人的想法。如果她能做出计划的大框架，而不是带着每个人直奔细节的话，收效会更好。"

"在开会的时候，瑞秋有时完全陷入到自己的思绪中，只顾自己和另一个人说话，并没有真正去听对话中那些明确或含蓄的画外音，这就减弱了她的影响力，因为她没有积极参与对话的进程，失去了在管理中施加影响的机会。瑞秋需要参考别人在工作议项中的问题或观点，这样她才会更有影响力。至少，她可以说出别人的看法，帮助她尽量做到不啰嗦、目的明确，不得要领的冗长解释只会让人失去兴趣或者迷惑不解。"

# 人际关系管理

人际关系管理是社会能力的第二个组成部分，它常常与情商的前三种技能相关——自我意识、自我管理和群体意识。人际关系管理是指，把你对自己和他人情绪的意识，应用于人际交往之中，使交流更顺畅，能更有效地解决分歧。人际关系管理也是你和他人建立的长久的人际关系。善于管理人际关系的人，能够看到与许多不同的人交往的好处，包括和他们不怎么喜欢的人。应该努力建立并珍惜牢固的关系，这些关系是你理解他人、善待他人和与他人交流的结果。

你与别人的关系越薄弱，你就越难传达你的观点。如果你想让人们听你说话，你就得训练人际关系管理技能，从每个人际关系中，特别是那些有挑战的关系中，寻求益处。一面之交和人际关系的区别完全在于频繁程度，以及你与他人交流的质量、深度和时间。

在遇到压力的时候，人际关系管理就成为大多数人最大的难题。参加测试的人中，70% 觉得应付压力很困难，由此不难看出，为什么与人建立高质量的关系是一个挑战。有些人面临的最具挑战性、最紧张的状况是在工作中出现的。当人们消极逃避困难时，工作分歧就会加剧，因为人们缺乏主动进行坦率和建设性交谈的技巧。当人们在工作中不控制自己的不良情绪，却将这些情绪发泄在别人身上时，冲突就会爆发。人际关系管理会帮助你获得一些方法，来避免这两种局面，并让你从与他人的每一次交往中，获得最大的益处。


## 人际关系管理的表现


### 吉尔，财务总监

**人际关系管理得分：95**

**同事对她的评价：**

"吉尔天生有一种观察人及其情绪的本领。她能够营造一种安全、具吸引力的谈话氛围。当我需要吉尔的时候，她从来都是敞开的。即使手头有大量的工作，她依然会设法保持一种愉快、称职的风度。人们都知道吉尔是个靠得住的人，他们私下的说话会受到尊重并且不会被外传。"

"吉尔非常会为他人着想，总是想法改善别人的状况。当有人心烦意乱时，她就会询问，完全掌握情况后，她会提出切实可行的建议来帮助他们，让人们的心情完全好转。即使是你出了错，吉尔向你反馈意见时，也会让你觉得自己聪明而自信。她帮助员工进步、成长，她在待人方面很自信且直言不讳，为大家作出了好榜样。"

"即使在对话十分艰难时，吉尔也会注意让在座的人保持一种轻松自在的关系。即使好像无法达成一致，她依然去查明别人的兴趣爱好，在见面时，会就人们感兴趣的事情作出询问。吉尔对自己的情绪把握得很好，在和你交谈时，她好像知道你的感受似的，会让你觉得她认同你、理解你。"

阿里斯特，医生

人际关系管理得分：93

同事对他的评价：

"阿里斯特是位非常耐心、富于同情心的倾听者，患者们很喜欢他。他尽力不去指责别人，总是给人留有余地，对护士和技术人员也是如此。我见过患者家属问些刁难的问题，而他能保持镇定，回答问题时不会造成与家属之间的不和。他很专注地倾听，从来都不会露出生气或烦恼的表情。他的回答总是既亲切又有威信。"

"阿里斯特很善于交际。我亲眼见过,有时候事情的结果不尽如人意,他却没有大发脾气,总是以十分体贴的态度来表达自己的希望。可以说他是个坦率的人,但不会与人产生冲突或说不合适的话。对值得表扬的工作人员,他会及时予以赞扬,肯定他们付出的努力和取得的成就。他识大体、顾大局,向人提出的建议既通情达理又合乎实际。"

"和阿里斯特见面后,我总是怀着100%满意的心情离开。他知道什么时候应该谨慎地处理一个问题,什么时候去赞美和鼓励别人。阿里斯特很了解同事,因此,他能冷静、主动地处理矛盾。只有在采纳足够的意见后,他才会得出结论,因此人们很尊重他。即使在气氛紧张混乱、冲突即将爆发的情况下,他也尽力找到最好的方式与人沟通。他对别人有极大的同情心,这使得他与人建立了真实、牢固的友谊。"

# 缺乏人际关系管理的表现

**戴夫，销售主管**

**人际关系管理得分：66**

**同事对他的评价：**

　　"如果戴夫遇到和他观点不一样的人，他会明显表现出不屑与这人建立关系。我希望他依然付出必要的时间和资源，想办法搞定这个区域。当他感到某个与他合作的人可能不是'盟友'，而是个靠不住的人时，他总是把对那个人的看法一清二楚地说出来。听的人会把话传出去，结果破坏了他们的友情。当戴夫对一个人比较了解，相信这个人不会对他造成威胁时，他的工作效果通常还是不错的。但如果他想继续得到升迁的话，就得克服这个毛病。"

　　"戴夫见到新面孔时，会表现得过于兴奋。这种性格有时是个优点，但有些人对他的热情不予反应，而且会躲避他，所以人们难以和他沟通。我希望看到戴夫致力于让团队同心协力。大家觉得他作出一些决策，是出于他的个人观点或偏见，他应该消除这种感觉。大家觉得，即使为自己的观点提供坚实的依据，这些专业性的观点还是遭到了忽视，这类事情发生得太频繁了。"

"戴夫对人总是反应过激，而不是心平气和。有强烈的个人观点是可以的，但不应轻视他人的观点。他也需要因人而异地调整自己的交流方式。他与人接触时几乎总是直来直去，有些人很难接受。"

纳塔丽，楼层主管

人际关系管理得分：69

同事对她的评价：

"纳塔丽常常小看别人的看法和经验。情况不好的时候，她会辩解说，你不懂，事情可能会比这更糟糕呢；或者说，你应该接受现实。她给人的感觉是生硬、没有同情心，对手下的人更是如此。我希望她更真心地与人交往，对他人能普遍地表现一种欣赏的态度。"

"纳塔丽在每样事情上挑别人的毛病，这让人疲倦又泄气，她应该看到别人的成就。纳塔丽有个不好的名声：太厉害、难伺候、不易接近。她可能会得到结果，但别人得为此付出代价。"

"我希望纳塔丽不再说指责别人或让人泄气的话，这样的话毫无价值。让人知道事情该怎么做，可以帮助他们进步，但是她不停地否定别人，让人觉得她小看人。人们不再看重她的建议，有时觉得她只是想显示自己比别人强。"

Emotional
Intelligence 2.0

第三章
我的情商行动计划

就像城市街道上往来的车辆一样，信息也在你大脑的理智和情绪中心不断地穿行。当你练习情商技能时，如果两个方向的交通都很畅通，信息流量的增加，会加强大脑中理智和情绪中心的联系。信息能否保持良好流通，会极大影响你的情商。你对自己的感受思考得越多，同时利用这种感受做有益的事情，这条道路就会越发达。有些人在乡村小道上踯躅前行，另一些人却已经修建了五车道的超级高速路。无论你是属于前者还是后者，都有进步的空间。

精神病学家用"可塑性"这个术语来描述大脑的改变能力。如果你每周练几次举重，你的二头肌可能会增大；同样，多加练习，你的大脑也会长出新的神经连接点。这种变化是逐渐发生的，只要你坚持重复，举重会变得越来越容易，而你的大脑因为有头骨的限制，不会像二头肌一样增大，但是在大小不变的情况下，脑细胞会开始长出新的连接点，提高思维效率。

在你开始应用后面章节中的策略来增加你的情商技能时，连接理智和情感中心的道路中，有亿万个微小的神经细胞，会向其他细胞伸出"小手"（很像伸出来的树枝）。
一个细胞与相邻的细胞之间，可以生长出 15000 个连接点。
这种生长连锁反应，使得负责"行为"的思维通道更加通
畅，将来的时候，把新能量输入到行动中，就会更容易。

　　在这些策略成为你个人的能力之前，你需要重复地练
习。塑造一个新的行为习惯，需要付出极大的努力。然而，
一旦你让大脑得到操练，这就会成为一个习惯。比如，如
果你在发怒的时候一向大喊大叫，你必须选择另一种反应。
在这种新的反应取代你想喊叫的冲动之前，你必须重复练
习许多次。刚开始的时候，你生气时不大叫，而是选择去
做别的事，这会非常难。但是每成功一次，这个新通道就
会得到坚固。最终，喊叫的冲动会很小，你很容易就能不
理会它了。研究表明，从新技能第一次被采用开始，一个
人的情商会在之后六年时间里，持续地发生着改变。

　　在你考察和应用后面章节中的情商技能时，以下的"情
商行动计划"会帮助你更有效地付出努力。采用以下步骤
来完成你的情商行动计划：

1.  把你的情商评估得分写在 42 页，你的情商行动计划的
    第一部分（我的历程开始了）。可以直接写在书上。

2. **选择一项要加以训练的情商技能。**在一段时期内专注于一项情商技能，效果会更好。即使再有雄心，也应该相信，勤奋地训练一项技能会让你走得更远，你的努力会让你更有能力获得其它情商技能。情商评估测试里有反馈意见报告，报告将建议你选择哪一项技能开始训练。你也可以自己选择一项。但是，如果你的四项技能总分低于 75 分的话，我们建议你先不要选择人际关系管理。

3. **选择三项策略来训练你选定的技能。**你的情商评估测试反馈意见报告，会根据你的得分情况作出具体分析，建议你采取本书中的一些具体策略。你可以按照这些建议来选择，或者由你自己从你所选技能的章节中选择另一些不同的策略。

4. **选择一位情商导师。**根据你选择的情商技能，找一个在这方面有天分的人，问他是否愿意在你的训练过程中，每隔一段时间给你一些意见和指点。一定要商量好一个固定会面的时间，在你的行动计划中写下这个人的名字。

5. **在应用选好的策略时，要记住以下事项：**

（1）**期待成功、而不是完美。**在培养新情商技能时，要求完美会让你觉得自己努力不够。如果想不断进步的话，你就要在情绪发作的时候，不停地制止自己。

（2）**练习，练习，再练习。**提高情商的秘诀，就是多多练习。在各种情况下，面对各种人，尽你所能地练习所学到的技能。

（3）**要有耐心。**当你致力于提高情商时，要花好几个月时间才能在一个问题上达到持久改变。大部分人在开始训练一项技能后，要 3~6 个月以后才会看到显著持久的变化。

6. **衡量你的进步。**你在行动计划第一部分中选择了情商技能，一旦训练取得足够的进步之后，就到网上参加第二次测验，完成行动计划的第二部分。

# 我的情商行动计划

第一部分
——我的历程开始了

**完成日期：** _____

**列出情商评估测试的得分**

得分

情商总分： _____

自我意识： _____

自我管理： _____

群体意识： _____

人际关系管理： _____

**选择一种情商技能和三种策略**

在四种情商技能中，你想先进行哪一项技能的训练？在下图中圈出你选择的技能。

| 自我意识 | 自我管理 |
|---|---|
| 群体意识 | 人际关系管理 |

回顾你选择的情商技能的训练策略，列出三个你要付诸实践的策略。

1. _____

2. _____

3. _____

**我的情商导师**

你认为谁天生具有你所选择的情商技能，并且愿意在你的训练过程中，为你提供反馈意见和建议？

我的情商导师是：_____

第二部分

——我走了多少历程

**完成日期：** ＿＿＿＿＿＿＿＿＿＿＿＿＿＿＿

参加了第二次情商评估测试后，在下面列出你的新旧
两次分数。

| | 旧 | 新 | +/- |
|---|---|---|---|
| | 分数 | 分数 | 变化 |
| 情商总分 | | | |
| 自我意识： | | | |
| 自我管理： | | | |
| 群体意识： | | | |
| 人际关系管理： | | | |

**选择一种新技能和三个策略**

根据你的情商评估反馈意见报告，你应该朝哪个方向
努力？选择一项新技能并在下图中圈出。

| 自我<br>意识 | 自我<br>管理 |
|---|---|
| 群体<br>意识 | 人际关系<br>管理 |

回顾你所选择的情商技能的所有训练策略，列出三个你要付诸实践的策略。

1. _____

2. _____

3. _____

**我的新情商导师**

你认为谁天生具有你这次选择的情商技能，并且愿意在你的训练过程中，为你提供反馈意见和建议？

我的新情商导师是：_____

Emotional
Intelligence 2.0

# 第四章
# 自我意识策略

简单地说，具有自我意识，就是了解你自己的真实情况。刚开始，自我意识给人的感觉有点模棱两可。没有人会在终点线那里给你挂一块奖牌，表彰你已经"拥有了自我意识"。自我意识不仅仅意味着你知道自己喜欢橘子胜过苹果，或者告诉别人你是早起鸟而不是夜猫子。自我意识比这要深刻得多。对自己从里到外的认识，是一个不间断的过程，就像一层层剥洋葱一样，并且在面对最核心的本质时，能够越来越感到轻松自在。

在有机会对事情作出回应之前，你天生对所有事物的情绪反应会抢先一步。既然不可能把情绪从这个过程中排除，那么，管理你自己和你的人际关系就意味着，你要对自己的正面或者负面情绪，有一个全面认识。

如果你不停下来，花些时间去留意并了解你的情绪，那么在你毫无意料或不希望它们出现的时候，它们会奇怪地突然出现。这是它们引起你注意的非方式；而且会坚持不懈，危害会不断增加，直到你注意到它们的存在。

面对自己的真实情况，有时会令你不安。面对自己的情绪和好恶,这需要诚实和勇气。要有耐心,哪怕取得最微小的一点进展,都要赞扬自己。在你开始注意到自己以前没有意识到的事情时(不一定是你喜欢的事),你就是在进步。

本章其余部分向你介绍 15 种新颖的策略,专门设计来最大程度地增加你的自我意识,给你的生活带来积极变化。这些策略简单易懂,有许多建议和实例,帮助你增强自我意识。

## 自我意识训练策略

1. 不要把情绪分为好、坏两种
2. 留意情绪的涟漪反应
3. 深入挖掘自己的不适感
4. 体验情绪的生理反应
5. 搞清楚什么人或什么事会按动你的开关
6. 俯视自我
7. 每天记录自己的情绪
8. 不要被坏心情欺骗

9. 也不要被好心情欺骗

10. 停下来，问问自己为什么会做那些事情

11. 搞清楚自己的价值观

12. 反思自己

13. 通过书、电影和音乐来挖掘你的情绪

14. 寻求意见反馈

15. 认识压力之下的自己

## 1. 不要把情绪分为好、坏两种

人天生就想把情绪归为好和坏两类，这样既简单又方便。比如，大部分人习惯把内疚划为坏的一类。你不想有这种感觉，你可能会为此痛责自己，你想方设法要把这种感觉除掉。同样，我们会因为兴奋的好心情而放纵自己，让自己手舞足蹈，给自己吹涨气，活力四射。

给你的情绪贴标签不是件好事，判断情绪的好坏让你无法真正了解自己的感受。当你正视一种情绪并开始充分认识它时，你能够认识引起这种情绪的原因是什么。暂时不要去判断情绪，让情绪自然发展直至消失。判断你该不该有某种感觉，只会使情绪堆积起来，妨碍先前的感觉自

然发展。

所以，下次你感觉到一种情绪开始产生时，要立即注意，克制自己，不要把它归类，而且要提醒自己，这种情绪的出现，是要帮助你认识一些重要的事情。

## 2. 留意情绪的涟漪反应

想一想往水里丢石头的情形。石块击穿水面，水波向四周漾开。你的情绪也是这样，会在你周围的人中间激起一连串的反应。既然情绪是你行为的主要驱动力，了解情绪对他人的影响就很重要。

比如说，一位经理没能保持冷静，当着其他人的面斥责一位员工。这时候，看起来在感情上受伤的，只有经理训斥的那个人，但是经理的情绪会波及每个目睹此事的人。当职员们各自走回自己座位时，人人都会感觉到经理的愤怒。他们心里如同揣了块石头一样回到工作中，不知道什么时候这样的事会轮到自己。

这位经理觉得他的一番痛斥会产生良好的作用，以为这样的责骂会让人"因为害怕而规矩起来"。但是人们也会因惧怕而变得谨小慎微。员工应该大胆工作，敢于超越自己熟知的领域，甚至出些错误，才能取得更好的成绩。但是没有人愿意成为经理的下一个靶子，所以个个都小心翼翼，只做自己分内的事。一年后，因为这个经理领导的员工队伍缺乏积极性，经理受到扣除工资的处分，他还觉得是员工出了问题。

你的情绪是强大的武器，如果你觉得它的效力只是瞬间的，而且很微小，那你会受到更多伤害。要观察情绪的连锁反应，就要密切关注你的情绪在那一时刻对他人造成的影响，在此基础上去了解，在你的情绪爆发后很长一段时间里，它如何影响更多的人。为了充分了解这一连锁反应，你需要花更多时间去思考你的行为。你也需要问其他人，你的情绪对他们产生了怎样的影响。越了解自己的情绪对外界造成的影响，就越能充分做好准备，去选择你想要造成的连锁反应。

### 3. 深入挖掘自己的不适感

增强自我意识的最大障碍，就是想避免看到自己真实情形时那种不舒服的感觉。你不去想某些事情，忽略它们，因为这些事一旦摆上台面，就会刺痛你。避免这种不适感会造成问题，因为这仅能应付一时。忽视你需要去改变的事情，你就永远不能有效管理好自己。

不要回避自己的感觉，相反，你应该设立目标，走进这种情绪中，最终穿越它。轻微的不适感，也应当这样去面对，比如厌烦、困惑、不良预感等。当你忽视或缩小一种情绪时，无论这种情绪多么小、多么微不足道，你都失去了一个本来可以利用它来做些有益事情的机会。更糟糕的是，你的感觉不会因为遭到忽视而离开你，反而会在你最料想不到的时候再次出现。

为了更好地生活，我们都需要发现自己的傲慢之处——我们因为嫌麻烦而不愿意去了解的事情，和我们认为无意义而拒绝考虑的事情。有人觉得道歉是懦弱的表现，因此永远不会感到有道歉的必要；还有人不愿感受低落的情绪，于是不断用一些无意义的消遣来让自己分心，而且永远不会满足。这两种人都需要跨出勇敢的一步，深入挖掘自己的情感，激励自己去改变。否则他们会继续走在徒劳无益、永不满足的道路上，永远重复同样的生活。

开始慢慢体验这种不适感后，你会很快发现它并没有那么糟糕，也不会让你垮掉，相反，你会因此得到许多回报。关于提高自我意识，可喜的是，仅仅通过思考，我们就能得到改变，即使我们一开始着重去思考的，往往是我们做得不对的地方。不要害怕"情绪错误"，这些错误让你知道应该怎么做，为你将来的生活提供你所需要了解的丰富信息。

### 4. 体验情绪带来的生理反应

当你经历一种情绪时，电子信号在大脑中沿特定路线行进，触发一些生理感觉，像胃痉挛、心跳加速、呼吸急促、口干舌燥等。你的大脑和身体联系得如此密切，因此，学会捕捉伴随着情绪出现的生理反应，是了解情绪的最有效途径之一。

为更好了解情绪带来的生理反应，下次在有一点儿时间独处的时候，闭上眼睛，先感觉一下心跳的快慢，注意你呼吸的节奏，感觉一下胳膊、腿、颈部和腰部肌肉的紧张程度。现在，想两件在你生活中发生的事情，一件好事和一件坏事，并且是那种能引起强烈情绪的事。要想足够多的细节，来感受你的情绪波动；注意伴随着感觉变化而来的生理变化。你的呼吸或心跳有变化吗？你的肌肉变得更紧张了吗？你感到发热或发冷吗？想另一件事的时候，重复这个过程，注意在好的经历和不好的经历中，感受情绪带给身体的不同变化。

闭上眼睛去想些造成情绪激动的事，仅仅是为了训练你面对现实，让你今后在忙碌之中也能立刻察觉由情绪引起的生理反应。刚开始的时候，不要想得太多，只要自由自在地体会身体的感觉就可以。当你在这方面有进步时，就会发现，在意识到自己的情绪之前，身体已经对这种情绪作出了反应。

## 5. 搞清楚什么人或什么事会按动你的开关

我们都有开关，或者称为按钮，或者诱因，也就是那些最令你恼火、让你爆发的事。被触怒的时候，我们会生气、心烦，甚至想大吼大叫。也许你的一个同事总是好像在演戏一样，她走进会议室时摆出一副招摇过市的架势，吸引每个人的注意力，并以此控制气氛。她的声音比别人都大，她的发言总是废话连篇，好像她特别喜欢听自己说话。

如果你做事比较含蓄，那么这种人可能真让你难受。当你走进会议室，正准备入座后开门见山，谈一些重要的想法，"戏剧皇后"却正在会议室里大造声势，这肯定让你既丧气又恼火。即使你不是那种口无遮拦的人，也没有用别的方式对她予以抨击，你的姿势和表情也会出卖你。或者，你会在回家路上，因余怒未息而耿耿于怀。

要养成控制局面的能力，保持泰然的风度，让自己镇定下来，重要的是要了解谁会按动你的开关、怎样按动你。要应用这一策略，你不能仅仅是笼统地去思考事情。你需要有针对性，思考触发你情绪的具体某个人和具体情况。可能许多人或许多事情都会按动你的开关；也可能会是某些人（像"戏剧皇后"）、某种特殊情况（你感到害怕或被吓一跳）、某些环境（吵闹的办公室）让你心烦。清楚知道哪些人或哪些情况会按动你的开关，当这些人或事出现的时候，你就不会觉得很突然，对付起来也会稍微容易点。

找到你的情绪触发点，会让你的自我意识前进一大步。就是说，你会搞清楚，为什么有些人或情形让你心烦，而同样令人讨厌的人或情形，却丝毫不会影响你？或许惺惺作态的人让你想起小时候，你姐姐得到所有人的关注，许多年来你都生活在她的阴影下，你发誓再不让这类事情出现。而现在每次开会的时候，你就坐在姐姐的"克隆人"旁边。难怪她会是你情绪的诱因了。

知道你生气的原因，会为你开出一条新路，去控制自己对这个情绪诱因的反应。现在，你的任务很简单——找到你生气的根本原因，列一张清单。一定要了解自己发怒的原因，这样你就可以应用后面讲到的自我管理和人际关系管理策略。

## 6. 俯视自我

老鹰有不同寻常的优势，在几百米高空翱翔的时候，它们能把地上的一切看得清清楚楚。地上的动物们来来往往过着自己的日子，视野狭窄，全然不知头顶上高飞的老鹰在审视着它们的每个动作。如果人能像老鹰一样，俯视自己，看清自己身处其中的困境，岂不是很好？想想看，如果自己站在高处，就能看清楚和了解许多事情。客观的态度会让你摆脱情绪的控制，确实知道自己该做什么，才能带来好的结果。

即使你不是老鹰，你依然能培养一种更客观的认知能力，来了解自己的行为。遇到一个状况时，你可以尝试去注意自己的情绪、想法和行为。这样做的目的就是要放慢速度、纵观全局，在行动之前，让你的大脑把所有可利用的信息都过一遍。

举个例子。比如说，你有一个十多岁的儿子，他周五晚上回家的时间比规定晚了两小时。你坐在客厅的椅子上，黑着灯，等着他进门的时候再次编造理由，说他为什么回家晚了、为什么没接电话。你坐在那里，想着儿子竟然无视自己的权威，又夺走了你几小时的睡眠，越想越怒不可遏。不久，你会忘了自己生气的真正原因，你开始担心他的安全。你确实希望他听话，但是，你不睡觉的真正原因，是担心他在外面不知会出什么事。

要想在这种情况下像老鹰一样观察自己，需要利用这一段暴风雨前的平静时期。你知道，在他嗫嚅着给出苍白无力的借口时，你会火冒三丈。你也知道，如果你能让他看到并理解你的担忧，他可能会更听话些。此刻就是你需要站在高处向下俯视的时候。你知道怀着愤怒想下去，只会把心里的火越煽越旺。你想到他其实是个好孩子，近来的表现只是一个青少年的典型表现而已。你知道生气不会让他改变，至今为止，生气都无济于事。一幅更大更清晰的图画出现在你的面前，你决定向他解释惩罚他的根本原因，让他知道你为什么会担心，而不是大发脾气。最后，当他溜进房间，摸着黑碰掉了茶几上的台灯时，你会心存感激，因为你看到了整个画面，而不仅仅只是眼前的景象。

## 7. 每天记录自己的情绪

培养自我意识，最有挑战性的就是保持客观态度。如果你感到每天的生活都像爬一座新的山一样，你就很难培养对自己的情绪和倾向性的多个视角。通过写日记，你可以记下哪些事情引起了你强烈的情绪，以及你是如何对这些情绪作出回应的。

你应该记下在公司和家里发生的事，没有什么事是不可以写的。在一个月内，你就会看到你的情绪模式，你对自己的情绪倾向会有更多了解。你会更明白什么情绪让你消沉，什么情绪让你振作，你最难以忍受的是什么。要特别注意那些会触怒你、激起你强烈情绪的人或状况。把你每天感受到的情绪描述下来，不要忘记写下与情绪相伴的身体感受。

除了帮助你更清楚地了解自己，写下你的情绪会让你更好地记住自己的情绪倾向。这本日记会对提高你的自我意识起到重要的参考作用。

### 8. 不要被坏心情控制

我们所有人都会被坏心情压垮，觉得一切都在和我们作对，糟糕透顶。当你有这种感受的时候，低落的情绪让每个念头、感觉和经历都罩上一层阴云。要小心，你的大脑一旦被消极情绪控制，你就看不见生活中美好的一面了，突然之间你会厌恶自己的工作，你对家人和朋友都感到失望，不满自己的成就，对未来的乐观期待也跑到九霄云外。在内心深处，你知道事情并没有那么糟糕，但你的大脑就是不想听。

自我意识要求我们，即便不能完全改变现状，也要了解自己正在经历的事情。承认恶劣心情影响了你所见到的每样事物，提醒自己，心情不会永远不变。你的情绪在不断地变化，只要你愿意，低落情绪会过去的。

当你陷入低落情绪中时，不应该去作重要的决策。如果你不希望受坏心情影响而做错事，让自己陷得更深的话，你就要一直保持对这种情绪的敏感和了解。你可以想想，最近发生了什么事情，也许是某些事导致了这种心情的出现。不要老去想着这件事，坏心情常常会因此终止。

### 9. 不要被好心情控制

不仅仅是坏心情和消极情绪会给我们带来麻烦，好心情同样会欺骗你。当你感到兴高采烈时，也很容易做将来让你后悔的事情。

想想这个熟悉的场景——你最喜欢的商店正在做一年一度的促销，减价幅度达到75%。促销那天，你急匆匆赶到商店，买了各种你一直想要却买不起（或至少不能一次全买下）的东西。你整整一周沉浸在购买的冲动和兴奋感中，到处向亲朋好友炫耀，你买到了多么好的便宜货。但是当你月底收到信用卡账单时，就会别有一番滋味了。

在好心情的激励下，冲动消费不是你会犯的唯一错误。好心情的兴奋和干劲十足的感觉，会为你遇到的每件事染上一层玫瑰色。这时你很容易盲目作出决定，忽视自己的行为会带来的后果。注意自己的好心情，并清醒意识到这些好心情会导致愚蠢的决定，这样你就可以在享受快乐的同时，不造成任何遗憾。

### 10.停下来，问问自己为什么会做那些事情

情绪会不请自来，而不是听你调遣。当你开始找到你

感觉的来源时，你的自我意识会极大地提高。养成习惯，经常停下来问问自己，为什么一些意料不到的情绪会无法控制地涌现，是什么在促使你做出异乎寻常的事情。情绪常常起着重要的作用，如果不花时间问自己原因的话，有些事情你永远都不会明白。

其实，追问自己为什么这么做，真是很容易的事情。但如果放任自己，时间就会很快流逝，你终究不明白自己做这些事的原因。只要稍稍练习一下，你就能探寻情绪的根源，了解情绪的作用。这个策略的惊人之处在于，只要你注意自己的情绪，问自己一些有用的问题，就足以帮助自己进步。你可以问自己这样的问题：你还记得自己第一次作出这样的反应，是什么时候吗？和谁有关？这次和那次有什么相似之处？是所有人都会引起你的这种反应，还是只有个别人？总之，你越了解自己做事情的原因，就越能做好准备，防止情绪来控制你。

## 11. 搞清楚自己的价值观

生活中的各种事务，如杂技表演中的盘子一样，不停地在你的上空旋转。在工作、无休止的会议、账单、杂活、电子邮件、电话、手机短信、家务事、三餐、与家人和朋友共度的时间之中，你勉为其难地应付各种事情——而且还有更多的事情等着你。你若希望这些盘子不要摔落到地上，就要十分留心。

为保持平衡的生活，你会一直关注外表上的事情，而不去关注自己的内在状况和自我本身。在每天忙碌着努力做完"要做的事情"时，很容易看不到真正重要的事情——你最重要的价值观和信念。在不知不觉间，你在做的事和说的话，都是你内心不喜欢或不相信的。可能你会对犯错误的同事吼叫，而心里其实觉得，这样的冲突是不好的。如果对同事吼叫有悖于你的生活信念，发现（或被发现）自己在做这样的事情，肯定会让你难受，甚至对自己不满。

有一个方法可以帮助你：花时间审视自己，写下你最重要的信念和价值观。问问自己，我希望自己按怎样的价值观来生活？拿出一张纸，分成两栏，把你认为重要的价值观和信念写在左栏，把你最近觉得做得不光彩的事情，包括说过的话或做过的事情，写在右栏。你的价值观和你做事的方式一致吗？如果不一致，想想你该怎么说、怎么做，才会让自己自豪，或者至少让自己更舒心些。

每个月或者每天重复这样的练习，会极大地增强你的自我意识。不久之后，你就能在行动之前，先想想自己要做的事情，做好准备，选择去做自己能够承担的事。

## 12.反思自己

自我意识是一种内心体验，但有些外在的事情能够提供必要线索，让你了解自己的内心。毫无疑问，你的内心感受会反映在外表上。你的面部表情、姿势、举动、衣着，甚至你的发式都会展示你的心境的重要方面。

人的外表是更直观的。你的着装相当清楚和明确地说明了你的心情，比方说，每天都穿着旧的宽松运动裤和破旧 T 恤，加上乱蓬蓬的头发，是在向世界宣告你心中没有任何盼望；而任何场合都过分讲究着装，每周去理发，则让人感到你做得太过分。举止也充分表露了你的心情，但是经常会被人曲解。与某人初次见面，如果你有些自卑，担心别人对你的看法，你就会像很多人一样表现得冷漠、不友好或者过于殷勤。

当你发现自己处在这些境况时，你要注意自己的心情，想想心情对自己行为的影响。你要留给世界的印象，是出于自己的选择呢，还是你的心情使然，或者是由你固有习惯造成的？当然，你的表现反映了你的心情，要如何理解你的感受也完全由你自己决定。随时随地找点时间来反思自己，在让心情决定你的精神状态之前，你可以先了解自己的感受。

### 13.通过书、电影和音乐挖掘你的情绪

如果你觉得，通过挖掘自己的内心来辨认情绪类型和倾向有些困难，那么，从你经常接触的电影、音乐和书籍中，同样可以发现相关的信息。当你对一首歌的词曲产生共鸣时，这首歌其实是在很大程度上表达了你的心情。当电影或书中某个人物不住浮现在你脑中时，很可能是因为他（她）的主要想法或感受与你相似。在这些时候细细观察，可以帮助你更多认识自己。这也是你向别人解释自己感受的极好方法。

从艺术家的表达方式中挖掘自己的情感，会让你了解自己，并发现一些难以表述的感受。有时你就是找不到恰当的话语来表达自己的心情，除非你看见现成的表达出现在你面前。听音乐、读小说、看电影，甚至欣赏艺术品，都是洞悉你最深刻情感的方式。下一次，当这些艺术表现

方式吸引你的注意力时，好好地观察一下。真不知你会有什么样的发现呢！

### 14.寻求意见反馈

你见到的每样事物，包括你自己，都只能透过你自己的视角去进行。问题是，你的视角受到你的经验、信念以及各种情绪的影响，单靠个人，无法真正客观地观察自己。你对自己的看法与别人对你的看法可能大相径庭，这样的差距为你建立自我意识提供了丰富的学习资源。

自我意识要求你认识自己，这个过程是从内到外、又从外到内的。要做到这一步，就要乐于从他人那里听取意见，包括朋友、同事、导师、上司和家人的意见。当你向他们征求意见时，一定要让他们给出具体例子。在收集反馈时，要去找这些信息中相似的内容。别人和你打过交道之后，让你知道他们对你的感受，这真会让你大开眼界。把这些观点放在一起，会让你看见整幅画面，包括你的情绪和反应对他人的影响。鼓起勇气，仔细看清楚别人眼中的你，你的自我意识会达到极少人能达到的水平。

## 15.认识压力下的自己

在你的生活中，一座座大山般的压力，不断向你扑来。每当你的承受力上升到一个新的高度，你或者周围的人就会不住地向你提出要求，直到你能再承担得多一些。你手边的那些高科技玩意儿也帮不上什么忙，如果说它们有什么作用的话，好像也只是加快了你的生活速度。你应该和大多数人一样，在压力临头时，看到警告的信号灯亮了起来。问题是，你会重视这些警告吗？

学会辨认压力最初发出的信号，对你非常有好处。人类的大脑和身体在面对压力时，会发出信号。它们会通过情绪和心理上的反应让你知道，是该放慢速度、休息一下的时候了。比如说，胃疼可能是紧张和焦虑正在损坏你健康的征兆；消化不良和体虚，是身体在休息的一种方式。对于你来说，极大的压力和焦虑会造成胃疼，其他人则可能会有剧烈头痛、口腔溃疡或是腰酸背痛。处在压力下时，你的自我意识应当给你"第三只耳朵"，去听身体的求救声。拼命过了头的时候，身体会提供有力的警告信息。花时间来辨认这些信号，在你的身体遭受永久损害之前，你需要更新自己的情绪。

Emotional
Intelligence 2.0

# 第五章
# 自我管理策略

　　自我管理能力，是指应用你对情绪的认识，积极选择说话行事方式的能力。表面上看，自我管理好像很简单，就是在强烈情绪涌上来时深呼吸，并且控制自己。在这些情况下，自制确实很重要，然而，自我管理远远不只是当你的情绪要爆发时用塞子堵住它们。情绪爆发和火山爆发一样，在岩浆喷涌之前，深处已经轰隆作响多时。

　　和火山不同的是，每一天你都可以做些细微的事情，来影响自己的内心，只要你知道怎样听到轰隆声并作出回应。自我管理建基于最基本的一个能力——自我意识之上。卓有成效的自我管理需要充分的自我意识，你只有意识到一种情绪的时候，才能选择如何积极地回应。既然我们天生就是要先体验情绪，后作出回应，那么，就是在有效观察情绪、然后对其作出反应的两步曲中，最佳自我管理者会显出自己和别人的不同。高层级的自我管理能力确保你不会绊倒自己，或者做出限制自己成功的事情，同时也会确保你不会令他人失望，甚至对你怀恨在心。当你了解自己的情绪，并能选择回应的方式时，你就有能力控制困难局面，灵活改变，主动采取必要行动来达到自己的目标。

如果你已经培养了迅速评估自己的能力，并能在犯错之前悬崖勒马，你就会更灵活，在不同处境下选择积极而富有成效的反应。如果你不停下来思考自己的感受，包括情绪在当下及以后对你行为的影响，你就会让自己成为经常受情绪控制的人。无论你有没有意识到，你的情绪都会控制你，你会整天受情绪的支配，几乎无力选择自己该说什么话和做什么事。

本章接下来的内容提供了 17 项具体的策略，帮助你管理情绪，让情绪为你服务。你可以今天就开始行动，每个简单的策略都以自我管理技能中一个要素为目标。这一套精心制定的策略，是经过多年测试打造出来的，参加测试的人都和你一样。这套策略经过证实，对增强你的个人管理技能行之有效。

在你掌握每项策略并养成习惯时，你对情绪的有效反应能力会增强。当然，不管你变得多么善于管理情绪，总会有些触怒你的情形出现。你的生活不会变得像童话一样一帆风顺，但是你会装备好自己，把握好方向盘，向前行进。

## 自我管理训练策略

1. 正确地呼吸

2. 设计一张情绪与理智的对照表

3. 公开你的目标

4. 从 1 数到 10

5. 改天再作决定

6. 与一位老练的自我管理者交谈

7. 更多地微笑和大笑

8. 每天专门留出时间解决问题

9. 掌控自我交谈

10. 想象自己成功

11. 培养良好的睡眠

12. 专注于自己的自由，而不是局限

13. 保持身体协调

14. 和局外人交谈

15. 从每位与你邂逅的人那里得到有价值的教训

16. 安排时间让大脑再充电

17. 承认变化迫在眉睫

## 1. 正确地呼吸

可能你和多数人一样，一整天都是短促、浅浅地呼吸，没有完全缩紧隔膜让你的肺充满起来，你对此却一无所知。为何如此？也许你会想，我并没有因缺氧而难受啊。你的肺为身体所有器官提供所需的氧气，不多也不少，使器官能有效运作。浅度呼吸，就是那种没有大量吸入空气使腹部向外扩张的呼吸，无法供给身体所需要的足够氧气。

你的大脑需要身体全部供氧量的20%，才能控制基本功能，诸如呼吸、观看等等，还要进行一些复杂的活动，如思考和管理情绪。大脑首先把氧气供应给基本官能，让你能活下去。其余氧气则用于进行复杂的活动，让你思维敏捷、集中注意力并保持平静。浅度呼吸使大脑缺氧，导致一个人注意力差、记忆力差、情绪多变、焦躁不安、思想抑郁、焦虑以及缺乏精力。浅度呼吸会降低你自我管理的能力。

下次你有压力或情绪激动的时候，注意要慢慢地深呼吸，从鼻子里吸气直到腹部鼓胀变紧，然后轻轻从口中把空气全部呼出来。在你呼气时，尽量使劲呼出，直到把肺里的气体都排出来。如果你想确保正确呼吸，可以在呼吸时，把一只手放在你的胸骨（长方形，位于胸部正中），另一只手放在腹部。如果在呼气时，放在腹部的手比胸部的手动作更大的话，你就吸收了足够的氧气，肺部是饱满的。对这种正确呼吸技巧加以练习，就会越来越习惯，可以在他人面前这样做而不被察觉。在令人头痛的交谈当中，你会发现这个方法能派上用场。

无论何时，只要你选择正确的呼吸方法，让大脑充满氧气，就会立刻见效。许多人把这种体验描述为进入一种更安静、更放松的状态，可以让大脑清醒。因此，正确呼吸就成为一种最简单、最有效的技巧，可以随时用来管理你的情绪。除了让你的大脑理智地面对困境之外，正确呼吸还能转移你的注意力，让你不再注意那些不断搅扰你的、令你不安的念头。无论你是让焦虑给压倒了，或是被最后日期催逼，抑或是消极思想和往事阴影不散，正确的呼吸都会让你静下来，为大脑的理性增加能量，让你感觉更舒服些。

## 2. 设计一张情绪与理智的对照表

你可能没意识到，但的确很多时候，你允许情绪支配

你朝着一个方向走，而同时，理智使劲拽着你的衣角，朝
另一个方向走。不管什么时候，如果你的大脑在斗争（情
绪与理智作对），就该在这时候列一张表，举出情绪与理
智的不同点。这张表会让你的大脑清醒，运用你所掌握的
知识，并在不受情绪控制的情况下，考虑情绪的重要性。

设计一张情绪与理智对照表很简单。把一页纸中间画
线分为两栏，在左边写出你的情绪要求你做什么，在右边
写上你的理智要求你做什么。现在，问自己两个问题：你
的情绪如何遮掩了你的判断力，你的理智如何忽视了情绪
的重要暗示？你如果任凭情绪支使，没有理智，情绪会给
你带来麻烦。但如果你企图像机器人一样，毫无感觉地运
作，也一样会造成问题。不管你是否承认，感觉依然存在，
白纸黑字的情绪与理智对照表会让你不得不去面对它们。

所以，下次当棘手或紧张局面令你为难的时候，拿出
一张纸，让自己静下来，花几分钟来整理自己的思绪，列
一张表。把这张表摆在面前，就比较容易看出来，在作决
定时，到底是该侧重理智，还是该侧重情感。

### 3. 公开你的目标

言行一致是很困难的，尤其当生活总是不尽如人意的时候。有时候，是私人的事情令自己最沮丧，比如没达到某个目标，或是没做到开始我们计划要做的事。没有什么比公开你的目标更能带给你动力，促使你去达成目标的了。如果你清楚地告诉别人（朋友、家人或配偶），你准备要达到什么目标，他们会关注你的进步，这会让你产生惊人的责任感。

自我管理很大程度上取决于动力，你可以把他人对你寄予的期望作为强大动力，让你不再慵懒。如果你的上司给你一项任务，或者你的跑步搭档每天早上 5 点整约你见面，你就更有可能行动起来，因为有他人的参与。选择那些真正关注你进步的人，把目标告诉他（她）时，请对方监督你的进展，让你负起责任来。你甚至给他们权力来奖罚你，就像我们认识的一位大学教授，任何时候他错过论文最后期限，他都会付给同事 100 美元。可以想象，他是最少错过最后期限的人！

### 4. 从1数到10

你一定要感谢你的幼儿园老师。还是很多年以前，当你的大脑发热时，他们要求你盘腿坐在垫子上，让自己的热度降下来，就在那个时候，你学到最有效的策略之一。不知怎么回事，成年以后，我们却忘记了一些简单却道理深刻的自控方法。

你只要这样做就可以了：当你觉得失望或生气时，停下来深吸一口气，呼气的时候自己开始数"1"，一直深呼吸，数到"10"。数数和呼吸会让你放松，阻止你贸然行事，给你足够时间恢复平静，从一个更清醒、更理智的角度对情形作出判断。

有时，你可能数不到"10"。举例说，如果你在开会，有人突然冲口说了句荒唐话，深深地刺伤了你，你不大会沉默地坐在那里，深呼吸，数到"10"。但即使数不到"10"，也会让你止住挫败感和怒气，让发热过度的大脑边缘系统冷静下来，为理性争取宝贵时间赶过来处理问题。

你数数的时候要做得巧妙些，有很多方法可以让你不被发现。有些人每次开会都带上一瓶饮料，每当他们感到冲动、要脱口而出说话时，就会喝上一口。当他们喝饮料时，没人指望他们会说话。这样，他们就有时间静下来（必要时可以数数），理清思绪，盘算如何说一些更有益的话。

不假思索地贸然作出反应，无疑是在为大脑中激烈的情绪火上浇油。厉声反驳通常会引起人们恶语相向，你也会很容易完全被情绪控制。当你放慢速度、专心数数时，你大脑的理性部分会开始运作，让你恢复自控，以免被情绪控制。

## 5. 改天再作决定

在《战争与和平》这部永恒的经典著作中，列夫·托尔斯泰写道，时间和忍耐是最强悍的两名斗士。这些斗士的力量在于，他们可以改变局势、减轻痛苦、让人清醒。有时，需要我们多加忍耐的情形实在让人太难受，满心的焦虑令人迫不急待地行动，以缓解内心的骚动。但是大多数时候，在行动之前，你需要保持自制，多给自己一天、一个星期或一个月的时间，反复思考当下的情况。

时间会有助于你进行自我管理，你脑中萦绕的无数念头可以慢慢被厘清，你可以对重要的事情作出正确思考。当你知道任由情绪支配会走错方向时，时间可以帮助你控制自己的情绪。就是这么简单。你只需要强迫自己，等到尘埃落定后，再采取行动。

### 6. 与一位老练的自我管理者交谈

行动的榜样各色各样，他们会给我们生活带来难以预料的影响。学习自我管理，最有效的方式之一是找到一位老练的自我管理者，学习他的技巧。

大多数人情商技能的弱点，其实是一些他们天生不具备的技能。天生具备某种情商技能的人，一般都知道自己擅长什么，向他们学习也更容易一些。

首先，找到一位你认为擅长自我管理的人。如果你觉得自己找不到这样的人，你可以让人们参加书中的测试。请这个人吃午饭或喝咖啡，向他（她）解释你想要提高自我管理的技能，请他（她）在见面前先看看本书关于自我管理的部分，会面时你可以说出你的目标，问他（她）靠什么策略来进行高效的自我管理。你一定会学到一些从其它途径无法得到的独特有效的方法。在你们分手之前，把最好的一些提示写下来，选择一两样立刻开始运用。问问对方，在你运用他的建议后，你们可否再次见面。

### 7. 更多地微笑和大笑

你知道吗，当你大笑和微笑时，你的脸会把快乐的信号传给你的大脑？你的大脑会对你面部的神经和肌肉做出反应，来确定你的情绪。对于情商来说，这意味着什么呢？当你陷入失望或忧虑的情绪中，强迫自己微笑，会抵销消极的情绪作用。如果你在服务行业工作，或是没有感觉却需要表现得兴致勃勃时，让你自己露出开怀的、实实在在的笑容（两颊向上鼓起），这样会哄骗你的大脑，换来你眼下需要的心情。

法国的大学研究人员为了研究微笑的作用，让两组参加实验的人阅读报纸同一个漫画栏目。要求是，一组人在阅读时用牙齿咬住一支铅笔（启动微笑肌肉），另一组人则用嘴唇含着铅笔（不启动微笑肌肉）。那些知道自己在"微笑"的人发现漫画更有趣，比那些"没有笑的人"看得更开心。

你也可以看一部你认为搞笑的电影或书，用笑容和笑声来让自己心情好起来。这样做让人觉得很奇怪，但这是压倒消极情绪、让大脑清醒的好办法，特别是在情绪低落致使你丧失了判断力的时候。笑容和笑声不会消除低落的心情，也不应该消除（每种心情都有其效用），但是，在你需要表现得开心时，发现有办法做到这一点，这是件好事。

## 8. 每天专门留出时间解决问题

你每天会经历几百种情绪，有些甚至是你意识不到的。整天在不同情绪之间跳来跳去，可能会导致你作出一些不合时宜的决定。

回想你最近作出的一些决定，你会看到，那些匆忙之间作出的决定，很少比得上经过计划和清醒思考作出的决定富有成效。确保你从容作决定的方法是，在你的时间表上专门留出解决问题的时间段。试一试，每天 15 分钟，关掉电话，离开电脑，专门思考问题。这是个确保自己不受情绪干扰作决定的好办法。

## 9. 掌控自我交谈

研究表明，普通人每天产生 5 万个想法，听上去很多吧？其实还不止这些，每产生一个想法，大脑产生的化学物质都会激起全身的反应。你的感觉受思想影响很大，无论是身体上的感觉，还是情绪上的。因为我们一直都在思想，就像呼吸一样，你很容易忘记自己在思想。你很可能意识不到，每天每小时，你的思想无时不支配着你的感觉。

我们不可能追踪每一个想法，看它对你的情绪的影响是积极的，还是消极的。对你影响最大的，是那些你实实在在地告诉自己的想法。虽然你可能没有意识到，但我们的大脑中都有一个内在的声音，在影响我们对事物的看法。我们告诉自己保持沉默，我们庆贺自己工作成功，我们责备自己作了错误的决定，等等。我们的意念每天都在对自己"说话"，这个内在的声音被称作"自我交谈"。

思想是调节情绪流通的主要手段，你可以让自己有各种想法，这些想法既可以让情感轰然爆发，也可以把情感堵在地下，或让任何感情更强烈并更长久。当一股强烈的情绪冲向你的时候，你的思想可以使之升温或降温。学会控制自我交谈，你就能专注于正确的事情，更加有效地管理你的情绪。

很多时候，你的自我交谈都是积极的，有助于你过好一天，比如"我应该为开会做好准备"或者"我盼着今晚出去吃饭"。不过一旦自我交谈变得消极，你的自我管理能力就会遭到损害。消极的自我交谈既不切实际又挫伤自信，会让你进入情绪下跌的恶性循环中，令你的生活很不如意。

以下是几种常见的消极自我交谈，我们来看看如何对其进行控制和改变：

- 把"我总是"或"我从不"变为"就这一次"或"有时候"。

虽然你觉得自己经常把事情弄糟，但事实上，你每次的做法都是对某个具体情况的特定反应，你的大脑也要这样想。你要学会就事论事，不要因为一个错误而痛责自己，不要把小事无限放大。

- 把盖棺定论换成就事论事，比如，不要说"我是个笨蛋"，而要说"我犯了个错误"。

给自己的想法贴上永远不变的标签，你就没有改变的余地了。就事论事的说法是客观的，考虑到环境因素，这种思维方式会帮助你关注那些你能够改变的事情。

- 为自己的行为负责，不要为别人的错误惩罚自己。

指责别人和消极的自我交谈往往是一体两面。如果你经常想"这都怪我"或者"都怪他们",大多数时候你是错的。为自己的行为承担责任固然值得称许,但担当别人的责任就不对了。同样,如果你样样都指责别人,现在你就要开始负起自己的责任了。

## 10.想象自己成功

乍一看,这似乎是一个过于简单、不应该如此有效的策略,但是,它是一记重拳。学习自我管理需要很多练习,然而,很多特别困难、难以处理的状况不会天天发生。因此,你很难有机会调动必要的神经系统,让自己养成使用新技能的习惯,除非你学会去想象。

你的大脑很难分辨你眼睛所看见的、和大脑所想象的事情。事实上,对同一群人进行大脑核磁共振扫描,当他们在观看日落和想象日落时,他们的大脑核磁共振成像没有实质的区别。在两种成像中,大脑的活动部位是相同的。

为了练习你的新技能并使之成为习惯,想象自己正有效地管理自己的情绪和行为,是一个很好的方法。为了达到这个目的,你要找一间不会受干扰的房间进行想象,因为你需要完全沉浸于想象的情境中。晚上临睡之前,是进行想象的好时间。闭上眼睛，想象自己正处在最难自控的局面中。注意去想，每一个场面中，那些让你难以控制自己的具体细节。集中精力，想想如果你身临其境，会看到什么景象、听到什么声音，直到你确实感受到如亲身经历一样的情绪。接下来，在大脑中想象你希望自己做出的行为（比如在一次重要演讲期间，让你的紧张情绪平静下来，继续自信地讲解，冷静地对待触怒你的人，等等）。想象你自己做事、说话都很正确，让自己感受到因此而产生的满意和乐观情绪。这样来结束你一天的生活，不错吧？每天晚上都应用这项策略，当新的困难局面出现时，把它们纳入练习当中。

## 11.培养良好睡眠

自我管理需要耐心、随机应变、保持敏锐。当你睡眠不佳时，首先失去的就是这些能力。夜间多睡一会，可能会帮助你更好地进行自我管理，但也不是必然如此。如何保持敏锐、精力集中和平衡的思考能力呢？你的睡眠质量是个关键因素。为此，你需要培养良好的睡眠。

睡觉的时候，其实是你的大脑在充电、翻动白天的记忆，进行储存或丢弃（这会让你做梦）的时候，所以你醒来会感到思维敏捷、大脑清醒。大脑在睡眠时变幻不定，需要经过一系列复杂详细的循环，才会让你在醒来的时候感到休息充足。采用以下建议，可以提高你的睡眠质量。

**• 每天享受 20 分钟晨光的照耀。**

你的眼睛需要感受至少 20 分钟正午之前的阳光（多云的天气也可以），以便重置你的生物钟，好让你晚上更容易入睡。这种光线是不能透过玻璃和太阳镜的，所以，在上班路上，把太阳镜摘下来，把车窗摇下来，或者午饭前找一段时间呆在户外。

**• 睡前两小时关掉电脑。**

电脑屏幕上的光与阳光相似，会欺骗你的大脑，使之难以入眠，并会降低睡眠的质量。

**• 床只用来睡觉。**

要想躺下就立刻入睡，最好避免在床上工作或看电视。让你的床只用于睡眠，身体就会对床产生睡觉的反应。

• **避免咖啡因，特别是在午后**

咖啡因在 6 小时以后还残留着一半的效果。早上 8 点喝一杯咖啡，到晚上 8 点时，你的体内还存有 25% 的咖啡因。咖啡因让你难以入睡，对睡眠质量有极大的破坏作用。最好完全避免咖啡因，或者只喝少量咖啡，而且只在午饭前喝。

## 12. 专注于自己的自由，而不是局限

"生活不公平……没办法……由不得你……"父母容易把这些"符咒"灌输到孩子的大脑里，好像是父母必读之类的书教给他们似的。父母们忘了对你说，你还是有选择的——选择如何对你面临的形势作出反应。即使你说什么、做什么都无法改变困难的局面，你仍可以从你个人的角度去左右一件事，这会从根本上影响你当时的感受。

许多时候，你无法改变现状，甚至改变不了相关的人，但这并不意味着你可以放弃。当你发现自己感觉无力的时候，仔细看看你是如何对情形本身作出反应的。关注你的局限性，不仅让人陷入混乱，也会让消极情绪蔓延，让你觉得自己确实无能为力。对自己能把握的事情，你必须要

担当起责任，专注于你可以改变的部分，即使形势艰难，也能主动想办法。

### 13.保持身体协调

联邦调查局花了很多时间，设法搞清楚哪个犯罪嫌疑人在撒谎。他们会研究肢体语言、声音的变化、目光的接触。一个人撒谎时，最大的线索是身体不协调——肢体语言与情绪表达不同步。

身体协调对于有效的自我管理者来说，也是一个重要手段。当你把自己的情绪管理得很好时，你的肢体语言与情绪状态是相符合的。如果你不能保持对肢体语言的控制，这清楚地表明，你的情绪正在制服你。

2009 年，一架商用飞机失控，但最终安全降落在纽约的哈德逊河上。飞行员乔尔西·萨伦伯格驾驶飞机，以精确的角度和速度降落，避免了降落时巨大的力量可能引起的机身破裂，飞机上的所有人员都因此获救。为了达到这个目标，他抑制住脑中响起的警报和恐惧感。他保持镇定，没有让情绪控制自己，即便知道生存希望甚微，他依然抛开恐惧，专注于操纵飞机。

你可能永远都不会面临紧急迫降，但是如果你和大多数人一样的话，有时情绪会制服你。要保持你的身体协调，把注意力从情绪上引开，关注手上需要做的事情。

### 14.和局外人交谈

出现困难的时候，你的大脑会不停地想，不停地对情况进行整理、分析，以便确定最好的行动方案。问题是，你大脑掌握的唯一信息，是你输入的信息——你之前和现在所看到的情形。大脑的构造让我们很容易被单一思维所困住，这大大限制你的选择余地。

所以，当你对自己的处境感到困惑，或者情绪激动时，找另一个人谈谈会让你轻松许多。和一个关心你感受的人交谈不仅有用，而且会得到一些新观点，为你提供更多探索的途径。

当困难局面出现时，去找一个不会受到你的情况影响的人，而且是你能信任、相处舒服的人，让这个人作为你的顾问，把你的经历和想法，以及对困境的感受告诉他。他独特的视角会帮助你改变看法，扩大你的选择范围。

要聪明地选择这个第三方。你邀请来帮助你的人，不应该在此事中有潜在利益。这个角色的人受到的影响越大，他的观点就会越多地被他的个人需要和感觉所影响。受到你的情形直接影响的人，他们的想法只会把水搅浑，应尽一切可能地避开这些人。你也应避开那些只会赞同你的人。虽然他们对你的支持会让你感到舒服，却不会让你看到事情的全局。和一个可能会严厉责备你的人在一起，可能会令你一时心里不爽，但他若能提供独特的观点和思路，就会让你取得不少进展。

## 15. 从每位与你邂逅的人那里得到有价值的教训

回想让你立即产生防卫心理的一次谈话。也许是有人批评了你，或一位同事坚决不同意你的想法，或有人怀疑你的动机；当时的你紧攥着矛和盾，准备干上一仗。其实，这时你正在错过向别人学习的宝贵机会。如果你怀着每次和别人相遇你都能从他们那里学到宝贵的东西的心态去接触他人，你就能放松，开放思维，极大地减少压力。

你可以在任何处境当中这样做。比如说你开车上班，有人抢了你的车道，一溜烟往前飞奔，这个鲁莽的家伙也能教你一点东西，或许让你更耐心些，或者你为自己不用像他这么匆忙而感恩。当你试图从另一个人那里去学些东西时，就不太那么容易生气、产生防卫心理或情绪紧张了。

下次你发现自己出现防卫心理时，就利用这个机会来学些东西。不管是从别人的意见中，还是从别人的行为举止中学习，怀着这样的想法，是你保持自控的关键。

### 16. 安排时间让大脑充电

锻炼身体显然对身体有益，似乎总会有人提醒，或者来自医生、朋友的一篇文章，告诉我们要多锻炼身体，但大多数人没有意识到，对大脑进行锻炼、放松和充电，也是至关重要的。如果你想做一个内行的自我管理者，你需要拼命给你的大脑争取机会。有趣的是，很多机会都与你是否善待身体有关。

当你每天抽出时间来使血液畅通，保持身体的健康，就会给你的大脑珍贵的休息机会，这种休息和补充对大脑很重要，甚至胜过睡眠。剧烈的身体活动固然不错，其他的放松和有健身作用的消遣也会对你的大脑产生很好的效果。瑜伽、按摩、园艺或在公园散步，都是让大脑获得短暂休息的放松方式。这些活动会释放血清素、内啡肽这些给大脑再充电的化学物质，虽然比不上剧烈运动，但也可以让你心情愉快、大脑敏捷。这些活动会锻炼大脑的一些部位，使之变得强健，能承担起作出良好决策、计划、组织和理智思考的责任。

对大多数人来说，实施这项策略的最大困难是，要把这些内容"挤"进我们的日程表中。由于工作、家庭、朋友这些事务完全占据了我们的时间，这些事情会被撂在一边不管。如果你认识到这是为了给大脑再充电，是一项保养大脑的重要活动，就如刷牙对口腔一样重要，那么与其等等看能否找到时间，还不如在一周开始前就把这些活动安排好。如果你想提高个人管理技能，那么，为实施这项策略付出努力是值得的。

## 17. 承认变化迫在眉睫

没有人带着一个预言未来的水晶球出生。既然你看不见生活道路上的每个变化或障碍，在变化中取胜的关键是，在变化出现之前，你看待变化的视角。

要为变化作好准备。这不是猜测，不是看你对将要发生的事情预计得是否准确，而是仔细思考潜在的变化会引起什么后果，这样，变化出现的时候，你就不会措手不及了。首先要承认，即使是生活中最稳定、最有把握的因素，都不是完全由你来掌控的。人会改变，生意有潮涨潮落，事情本来就不会长久不变。为变化作好准备、预备应变措施，这样，当变化出现时，你就不会陷入震惊、惊讶、害怕和失望等强烈情绪之困了。虽然你依旧可能会经历这些负面情绪，但是，承认变化无法避免，让你能够集中注意力并理智地思考，在不寻常、不理想或其他没有预见到的情形当中，能够力挽狂澜，作出最佳决策。

运用这一策略的最佳途径，是每周或每隔一周留出一小段时间，设计一张表，把你觉得有可能发生的变化列出来。你要为这些变化做好准备。在每个变化下面，列出变化发生时你可能会采取的所有行动; 在下面写出一些想法，即你能做些什么事情，为变化作好准备。你能留意变化很快发生的迹象吗? 你可以做什么事情，来做好准备或减弱可能会受到的打击吗? 即使你预计的变化不一定会发生，但是，预期变化，并知道该如何回应，会大大加强你整个人的应变能力和适应性。

Emotional
Intelligence 2.0

第六章
群体意识策略

你有没有经历过这样的事情———一位同事走向你，你还没有开口，他就知道你这一天过得如何，以及你的心思在哪里神游？他知道你一定是见到了某某人，因为他可以从你的表情看出来。他知道那时候应该让你发泄，而不该请你给他帮忙。他一定是从某些事情当中觉察到了你的心思。

或者，你是否认识那位总是知道每一位顾客需要什么的女侍者？一对恋人沉浸在俩人世界里，不希望被打扰；另一对夫妇喜欢有人和他们搭腔；还有一桌的顾客想要专业周到的服务，并不需要闲聊。饭桌上的每个人都是来吃喝和享受服务的，然而在外表下面发生着许多东西，使得每一张餐桌上的人都独具特色。她怎么能这么快就揣摩到这些顾客的心，并且知道他们的需要呢？

有洞察力的同事和女侍者都具有高度的群体意识，他们用这种技能察觉并了解别人的情绪，这两位在这方面可能已是经验丰富的老手了。一般来说，这种技能是长期学习和实践的结果。

　　群体意识不是通过审视内心来认识和了解自己，而是通过观察外界去认识和正确理解他人。群体意识的重点在于，你感受、理解他人情感的能力。在你和人打交道时，若留心他们的情绪，你会对周围的情况有更准确的判断，而这会影响到人际关系和其他许多方面。

　　为了增强你的群体意识技能，你要学习在各种情况下对人进行观察。当你排队等候付款时，可以观察某一个人，或者在谈话的时候，观察和你说话的人。你学着去观察人们的肢体语言、面部表情、姿势、声调，甚至是隐藏在外表之下的东西，比如更深刻的情感和思想。

　　培养敏锐的群体意识，这个技能吸引人的地方是，情绪、面部表情、肢体语言等等，在不同的文化中都是相似的，所以无论你到哪里，都可以使用这些技能。

　　你观察事物的视角必须清晰。要变得更具有群体意识，首先要确保自己专心，并把全部注意力放在别人身上。观察外界不要仅仅用眼睛，要用你的感受来观察。你不仅充分利用五官，也需要用上"第六感"，即你的直觉和情绪，来过滤进入脑中的大量信息。你的情绪会让你注意从他人那里感受到的信号，并加以领会。这些信号会让你设身处地为他人着想。

这一部分的 17 项策略，会帮助你着手解决遇到的障碍，在困难情形下假以援手。你能够关注到的事情毕竟有限，所以关键在于，要注意到有用的信号。这些群体意识策略已经被证明是切实有效的，会帮助你做到这一点。

## 群体意识训练策略

1. 打招呼时叫名字

2. 观察肢体语言

3. 凡事把握时机

4. 准备一个"万用问题"

5. 开会时不要做笔记

6. 为社交聚会提前作准备

7. 清理杂物

8. 活在当下

9. 闲逛 15 分钟

10. 看电影学情商

11. 练习倾听的艺术

12. 观察他人

13.了解不同文化背景下的游戏规则

14.测试准确度

15.设身处地为他人着想

16.纵观全局

17.捕捉房间里的气氛

## 1. 打招呼时叫名字

也许你的名字源自一位特殊亲友或家庭好友，或许你的姓很长，有个缩略的昵称。不管你的名字有何来历，这都是你身分不可或缺的一部分。当人们念你的名字并记在心里时，你会感觉不错。

用对方的名字和人们打招呼，这是你可以应用的最基本而且最具影响力的群体意识策略。用这种方法来吸引别人，显得既有人情味又有意义。如果你容易在公众场合退缩的话，在和人们打招呼时叫出对方的名字，就会让你不再羞涩。说出人们的名字会打破障碍，让你显得既友爱又有吸引力。即便你是交际老手，打招呼时叫出人名依然是对你有益的建议。

用对方的名字和人们打招呼的重要性已经说得足够

了，让我们再进一步。如果你记不住别人的名字，或者听到人们的名字 30 秒后就想不起来了，那么，这个月你就要专门练习，每当你走进一个房间，就对那些刚认识不久的人说："你好，某某。"记住人们的名字是大脑的操练，需要进行练习才行。如果你觉得有人的名字听上去不同寻常，可以请这个人告诉你怎么写，这样你就可以在大脑中把这个人的名字写出来，这有助于你的记忆。在谈话时你要确保至少把这个人的名字用上两次。

用对方的名字和人们打招呼，不仅表达你对别人起码的尊重，而且会促进你们之间的亲密感。记住你遇到的人，打招呼时叫出他们的名字，可以加深你在社交场合中的群体意识。

## 2. 观察肢体语言

问问职业桥牌手们，他们最认真研究的，是对手的哪些方面，他们会告诉你，观察一个桥牌手行为上的细微变化，由此可以知道他们对手上这副牌的信心如何。

他们会注意对手的姿势、眼睛、手势、面部表情等。虚张声势的牌手往往摆出一脸自信的样子，然而一动不动的那只手却在静候时机，像一股巨大的激流伺机从背后扑上来。对职业牌手来说，辨识肢体语言决定他们的输赢。敏锐的群体意识可以确保他们成功。

同样，善于辨识肢体语言对我们也同样重要。通过观察肢体语言，我们能知道人们的真实感受，并作出恰当回应。为了对一个人进行全面观察，要给他来个从头到脚的评估。从头和脸开始，眼睛比身体其他任何部分表达的内容更丰富，你可以通过人的眼睛获得很多信息，但注意不要盯着人看。

保持目光接触可以看出一个人是否可靠、诚实或关心他人。眼珠转来转去或眨眼过于频繁，会让人觉得靠不住，目光平和而且专心听对方说话的人，更加忠实可靠。

接着，看看人们的笑容，分辨其真假。研究人员观察人们眼角的皮肤皱纹，如果没有找到，这个人的笑容可能是假的，因为真的微笑很快会从局部扩展到整个面部。

一旦你观察完脸部，就可以转移到肩部、躯干和四肢。肩膀是耷拉着的呢，还是自然挺直？胳膊、手、腿和脚表现出的是安静呢，还是坐立不安？身体不停地传递着大量信息，因此，在会议期间、友好的碰面或首次见面时，要有意识地观察对方的肢体语言。一旦你熟悉了肢体语言，它传出的信息就清楚无误了。你很快就会注意到信号，而且敢于向人摊牌。

### 3. 凡事把握时机

你可能听说过"时机就是一切"这个说法吧？面对人们以及他们的情绪时，时机真的就是一切。生意清淡时，你不会提涨工资的事；若有人觉得你给他带来威胁，你不会试图纠正他的错误；如果有人感到压力很大或正在生气时，你不会请他帮忙做事。

要练习把握与群体意识相关的时机，首先练习把握提问的时机。你的目标是：保持大脑清醒，始终考虑你说话的对象，在正确的时候提出正确的问题。

如果你的同事正在因为自己丈夫的事向你发泄，你如何进行这个谈话？她为自己的婚姻担忧，情绪表现得比以往任何时候都强烈。你却脱口而出地问："你的工程方案考虑好了没有？"她毫无表情地望着你，你的问题让她大感失望。她的脸沉了下来。对话就此告终。

在这种情况下，时机、问题、思想状态都不合适。对你本人来说，问题和时机都没有错；但对另一个人而言，时机和思想状态就太不合适了。记住，这不是对你而言，这是对另一个人而言。在那样的时候，合乎她思想状态的问题可以是："我能为你做些什么吗？"她很可能会感激你的关心，并平静下来。在那个时候，即使时机还是有点不大合适，你还是可以温和地向她提问的。

　　练习把握时机时，记住群体意识的关键是要关注别人而不是自己，这样你才能更有成效地做事。

### 4. 准备一个"万用问题"

　　有时候谈话进展得不如自己事先计划的那么好，或是对方不像你预想那样健谈，你得到的只是一个字的答复。10秒钟沉默不语的时间，给人的感觉像是永恒，这种场面令人尴尬。你需要尽快想出可以说的话，那么，就准备一个"万用问题"吧。

　　当你处在尴尬的沉默中，或感到不安时，可以用一个"万用问题"来摆脱困境。这一项群体意识策略可以为你赢得时间，来更好地了解一个人，并让对方看到，你对他（她）的思想、感受、观点是感兴趣的。万用问题可以是："你认为……怎么样？"你可以选择几件需要解释的事情来谈，比如工作上的事，或是新闻时事，但要避免触及政治、宗教和其他可能比较敏感的问题。

善于交际的人知道什么时候该使用"万用问题"——需要把谈话重新启动一下，你还不准备就这么放弃呢。

这样会不会让人觉得你突然改变话题呢，不要担心，如果能为谈话注入活力，就是好事。如果场面依然死气沉沉，也许该礼貌地请另一个人加入谈话，或者以添加饮料为由离开一下。

### 5. 开会时不要做笔记

我们早已被灌输这样的观念，想要成功，我们就得学会竭尽全力、忙碌工作，承担越来越多的事务。面对分派给你的各种任务，你做得越多，就越成功，对吗？错！由于大脑根本不能同时在几件事情上高水准地运作，同时做很多工作事实上会牺牲你的工作质量。

比如你在开会，会议提出了好几个想法，对每一个想法的赞成和反对意见在会场上此起彼伏。虽然翻页白板记录有会议记录，但你更喜欢自己作记录，这样就不会错过任何细节。当你写完最后的问题，突然间，奥斯卡原本平静的声音明显变得充满怒气，接着就是奥斯卡和玛琳达之间短暂的交锋。你看自己的笔记，却找不到这个转变的起因。刚才发生了什么事情？你错过了关键细节。

当你专心致志、手不停地在便笺簿上挥舞时，反而错过了重要的线索，这些线索在很大程度上提示你，如何了解别人的感受或者可能的想法。一个人若想要了解全部真相、熟知一切详情，就要观察别人，不要因为打电话、打字或作记录而分心。记住，群体意识的主要目标就是察觉并了解他人的想法和感受。为了做到这一点，你需要去关注别人。

开会是观察他人的好场合。这里有一群坐好的观众，因电子邮件或电话受到的干扰极小，但是作记录却极大影响了你的观察力。下一次开会时，不要作记录。相反，看看每个人的脸，注意他们的表情，与所有发言者进行目光交流。这样你就会在会议中更加投入、更加关注他人，察觉到一些作笔记时一定会遗漏的情况。

作记录的确有好处，但没必要一直那么做。如果实际情况需要你作记录，也不妨时不时停下来，练习观察人们。

### 6. 为社交聚会提前作准备

想象你离开晚餐聚会的情形。你不敢相信自己竟然忘记把面包带来。在聚会期间，整整有 10 分钟你都在为此自责，在花 15 分钟接受那些没吃到面包、但善良的朋友们开的玩笑。当你插入钥匙发动汽车时，你突然想起来，你原本打算问杰克要一张名片，以便打电话问他关于一个营销项目的事情。但是"面包事件"让你把这事给忘了。还有凯特，她整个晚餐期间都显得情绪低落。你怎么没有问问她是怎么回事呢？

你计划要参加这个晚餐聚会的，但你有没有事先做好计划呢？无论是晚餐聚会或是工作会议，提前作好准备会令你不失风度。按照事先定好的计划走进门的话，你的精神和脑力都可以完全放松，可以全心关注眼前的时刻。

下一次你答应别人要出席某个社交场合，立刻提醒自己作好计划。在卡片上列出有哪些人会参加这个活动，列出所有可以探讨的话题或者要做的事情。不要不好意思，把写好的卡片随身带上！

现在我们把刚才的聚会场景重演一遍。这次你把计划写了下来，并且随身携带。你到了以后，把答应要带的面包交给主人，在你的清单上打个勾。你一眼就看见杰克在厨房里，就朝他走过去，趁机聊了几句，要了他的名片，打个勾。做完这件事后，你注意到凯特情绪不好，她看上去愁容满面。你当时就注意到了她的情况，而不是在回家路上才想起来。你立马着手解决这个问题，你把凯特拉到一边，看她需不需要谈一谈。她很感激你的关心，笑了笑，把她的情况告诉了你。交谈过后，你们俩一起回到人群中，尽情享受摆在面前的食物。

作计划不仅让你自己为社交活动作好准备，也会减少你的压力，让你更专心地参与、更好地享受这样的活动。

### 7. 清理杂物

若要有群体意识，与别人在一起时，你就必须全心投入，排除一切干扰，特别是大脑的干扰。内在的干扰就像车库里或衣柜中的杂物一样——虽然有用，却胡乱堆放，你需要的时候很难找到。解决办法就是对这些杂物进行清理。

有几样"肇事者"需要彻底清理出去。首先，我们每个人的大脑里都在进行自我对话，有个声音喋喋不休，我们一直不停地在和自己说话。当我们忙于自我交谈时，就把自己与外界隔绝了，这可不利于建立群体意识。第二个"肇事者"是，在与人交谈时，对方还在说话，我们就开始想着如何答复对方。这同样会导致不良后果，因为想要同时专注地听自己和别人说话，是很费力的。

可以采取一些简单步骤来清理内心杂物。首先，你和人交谈时，别人没说完话就不要打断。第二步，压住你里面那个在盘算着如何回答对方的声音，关键在于，一旦发觉自己这样做，就立刻中止，要制止自己并把这种念头清除出去，重新关注对方的面部表情和说话的内容。有必要的话，可以把身子更靠近说话人，让你的身体也进入到谈话状态中。这样的意识证明你在进步，因为你以前连这种方式都不知道。

要提醒自己，与人交谈是为了倾听别人说话，并学习一些情况，而不是为了用你的深刻见解来打动别人。当你不断地注意到自己的"杂物"并加以清理时，你的内心思想会慢慢平静下来，你也会拥有更好的倾听技巧。

### 8. 活在当下

没有人比孩子更会活在当下了。孩子不会想昨天发生的事情，或今天晚些时候要去做的事情。此时此刻，他就是超人，当他和坏人打仗时，世上其他的一切都不存在。

另一方面，成年人却对过去忧心忡忡（"噢，我真不该那么做"），并对未来充满焦虑（"我明天该如何处理这件事呢"）。当未来和过去浮现在脑中时，你就不可能关注眼前的事。群体意识要求你像孩子一样，活在当下，这样你就可以注意到目前正发生在别人身上的事情。

养成活在当下的习惯，这样能提高你的群体意识技能。从这个月开始，如果你身在健身房，就要心在健身馆。如果你身在会议室，心也要在会议室。无论你在哪里，尽可能地把心思放在那里，这样你就可以观察周围的人，并体验当下的生活。如果你发觉自己的心思在别的地方，赶快转回到眼下。记住，虽然为未来打算或反思过去是值得的，但是整天那样的话，会扰乱你眼前要做的事情和你当下的生活。

### 9. 闲逛 15 分钟

有人说，生活重在过程而非目的。为了成为有群体意识的人，我们需要去享受过程，关注一路上走过的人。如果你一门心思只想着赶去参加下一个会议、开始下一节课、看下一个病人、把东西送给客户、马上发一封电子邮件……你会错过从 A 点到 B 点之间的所有人。

拿出一些时间来享受生活的过程，花时间在你工作的地方走一走，注意你周围的环境。一段短暂的闲逛，会让你接触到别人，感受到他们的情绪。你会关注一些更细小的信号，它们就在你眼皮底下，这对与人交往极其重要。

工作的时候，应该每天花 15 分钟观察你以前没有留意的事情。你可以去观察人们工作场所的外观和氛围，人们在办公室里活动的时间，哪些人会主动和人交流，哪些人会在办公桌前坐上整整一天。

当你进行了第一次"观察之旅"后，另外选一天来观察你工作场所的氛围。他人的心情会给你很重要的暗示，让你知道某个人的情况和大家总体的情况。注意人们可能会有什么样的心情，当你停下来和他们简短交谈时，他们给你的感觉如何。可以观察办公室、学校、病人治疗区、制造车间等等。专注你看到的、听到的，留意可以从他人身上发觉到的事情。

定下时间，每星期两次在你的工作场所闲逛15分钟，持续一个月。避免作过多臆断或下过多结论，只要去观察。你会对自己所见的深感惊讶的。

## 10. 看电影学情商

好莱坞是世界的娱乐之都，以其炫目、迷人的魅力和众多名流而闻名于世。信不信由你，好莱坞还是培养情商的摇篮，可以帮助你增强你的群体意识技能。

艺术毕竟来源于生活。电影把许多情商技能演绎出来，让我们看到值得效仿或是绝对要避免的行为举止。优秀演员非常善于唤起自己的内在情感，当剧本要求影片人物做出令人惊骇或平淡无奇的事情时，我们很容易在屏幕上看到演员给出的情绪信号和营造的氛围。

要增强群体意识的技能，你需要训练自己对发生在他人身上的事情有意识。不管是得了票房冠军的影片，还是真实的生活，你都可以用来练习。当你看电影时，观察人际交往中的信号，这样你就是在练习群体意识。再者，既然你没有真的生活在其中，你不必付出自己的感情，受到的干扰也有限。你可以把心思用于对人物的观察上，而不是去想如何解决自己的问题。

下定决心，在这个月看两部电影，特别要去观察影片中人物之间的交往、关系和冲突。寻找肢体语言线索，弄清楚每个人物的感受，观察人物是怎样处理冲突的。当剧中人物的情况越来越清晰时，回去看看你头一次漏掉的一些线索。不管你相信与否，好莱坞出品的电影足以让人信以为真，因此也是练习群体意识技能最有效、最令人愉快的方法，会帮助你去面对真实的世界。

## 11. 练习倾听的艺术

这听起来太基本了，几乎不值一提。但倾听在社会中已经越来越不被重视。大部分人觉得自己是不错的听众，但是如果今天让成年人玩"传话游戏"，信息传到最后会有多准确呢？倾听需要专注，而专注又不易做到，因为我们的注意力会被不同的事情牵引。

倾听不单是要听见说出来的词语，也要听见说话的声调、速度以及声音的大小，说了些什么？有没有没说到的？

外表之下隐藏的意思是什么？你可能听过这样的演讲或报告，演讲人选择的词句非常有力，但是由于本人精神状态的缘故，说话的音调、速度或声音却达不到那个力度。

这里有一个练习方法。当有人和你说话时，把手边的所有事情停下来，专心去听，一直到那人说完为止。当你打电话的时候，不要同时打字或写邮件。当儿子向你提问的时候，你要把视线移开电脑，眼睛看着他，回答问题。当你和家人共进晚餐时，把电视关掉，倾听桌上的交谈。当你和某人见面时，把门关上，坐得离这人近一点，这样你就可以专心地倾听。这些简单的事情会让你专注于当前，注意到对方给你的信号，真正"听见"他所说的话。

## 12. 观察他人

有时候你只需要坐下来，观看熙来攘往各式各样的人。在咖啡馆里坐下来，观察那些进进出出的人，那些拿着大杯脱脂热拿铁咖啡的人，或是在大街上手挽手的恋人。你实际上是在使用最有效的群体意识训练策略之一。

花时间进行观察，你会发现人们流露的心情。咖啡馆、食品店或其他公共场所是非常理想的练习场地，观察在这

些地方排队的人是如何彼此交流的。在商店里，你会看到
人们在浏览货架上的物品，可以观察他们的步态。你可以
在保持安全距离的情况下，用这种方法来练习，捕捉肢体
语言或其他非语言信号，揣摩人们的感受或思想。

观察他人是一个安全的方法，让你从信号中察觉情况、
观察人们之间的交往，作为局外人来揣摸人们的动机和情
绪。群体意识中的一个重要部分就是，能够识别他人的心
思和情绪，但这却往往是你忽视的事情。下个星期，你可
以到附近的咖啡馆，点上一份可口的饮料，舒舒服服地坐
下来，这是练习群体意识的最佳地点。

### 13. 了解不同文化背景下的游戏规则

群体意识不仅仅是收集另一个人的情绪信号。比如说，
你开始在一家新的公司工作，为了表现出色，你需要学习
这个公司的企业文化。你被指定和莱克共用一间办公室。
为了与莱克很好地共事，你需要了解他的教育背景和家庭
背景如何影响他对你的期望。只有在了解莱克的"游戏规
则"后，你才能理解他的行为及反应。

在社交场合，要想说正确的话、做正确的事，大多数

时候需要了解这个文化环境下的游戏规则。我们的世界是个大熔炉，能快速熔解各种文化。根据一些具体规则，这些文化互通有无、共同生存、共同处理事情。规则既然不可避免，我们就要学会如何在各种文化背景中都体现出较高的情感智能。

要在文化游戏中获胜，秘诀在于以别人期待的方式去对待别人，而不是以你的方式，窍门在于识别每种文化的不同规则。更复杂的是，你不仅需要留意民族文化，还有家庭文化以及企业文化。

如何着手熟悉、掌握多种套路的规则呢？第一步是倾听并观望。比起了解同一文化圈子中的人，你需要花更长时间去了解其他文化中的人。要搜集大量的观察结果，不要急于下结论。把自己当作一个初来乍到的人，在开口说话或迈出第一步之前，先观察别人之间的交往。找出你和他人的相同与不同之处。

下一步是提出一些具体问题。你们可能需要在会议之外的场合，或其他非正式场合进行交谈。许多企业及民族文化都看重在正事之前先聚餐进行交流，因为群体交往会提高双方的群体意识，彼此准备好按照一致的规则来做事，这是很有智慧的方式。

### 14.　测试准确性

即使是群体意识最强的人，也会有不留神的时候，遇到他们不容易理解的情况。也许因为房间里有太多干扰，或者有太多事情发生，在忙乱节奏中很难有效地进行观察。或许，这些群体意识强的人几乎确定了自己对现状已有基本了解，但还要对作出的观察进行确认。在这些情况下，有一项群体意识策略会帮助你——询问别人。

正是如此，"不耻下问"。记住，没有任何问题是愚蠢的。在群体意识方面，不管你是个实习生，还是行家，都需要在某个时候确认你的观察是否正确。要测试你观察的准确性，最好的办法是，打听一下实际情况是否与你的观察一致。

也许你上班时见到斯蒂夫，发现他脸色阴沉，低着头，眼皮抬都不抬。你问他怎么了，他说"还好"。

你看到的情况让你知道事实并非如此。他说他还好，但是他看上去并不好。这个时候，你可以把你的看法提出来，以便把情况搞清楚。你可以这样说："你看上去心情不好。有什么事吗？"说出你看到的情况（你看上去心情不好），并且坦率地提出问题（有什么事吗），这是把自己的看法讲出来的最好方式。或许他只是把目前愿意让你知道的情况告诉你，但你已经伸出手，让他知道你对他的关心。

另一类测试准确性的问题，侧重于非言语类信息，或者没有明确说出来的话。既然人们不总是很乐意或很坦率地把他们对某件事的感受说出来，他们就会在无意中有所暗示。如果你觉得方便提出问题的话，这是个好机会，让人们知道你是否抓住了线索，以及你对它们的看法。如果你过早地得出结论，或忽视了某个线索，这也让你有机会改正自己的错误。

测试你的观察是否准确，从根本上讲会使你在社交场合更加敏锐，同时会帮助你注意到通常会被忽略的信号。如果不询问的话，你永远无法确定自己的判断是否准确。


### 15. 设身处地为他人着想

演员们总是以剧中角色为中心，并以此为生。演员们受剧中人物的情绪和感受引导，表现出与剧中人物相同的心思和动机。那些在幸福家庭中长大的演员们，能够表演出身不幸的人物，并演得令人信服，反之亦然。演员们的工作完成后，不但不会抱怨演出的过程，反而开始充分理解他们扮演的那个角色，即便那是个坏人。

为他人着想是群体意识的最佳表现，这不仅是演员需要的；我们所有人，若想要具备洞察力，更深刻地了解别人、改善我们与他人的交往，或希望在问题扩大之前就能有所察觉，就需要为他人着想。如果你觉得没必要，想想上一次你在想，"我要是早知道珍有那样的感觉就好了"，是什么时候的事情？你产生这样想法的时候，一切都为时太晚了。如果早些发觉珍的情况，岂不是更好？

为了练习这项策略，你需要问自己这样的问题："如果我是这个人的话……"比如说你在开会，有人让吉姆难堪，质疑他对有问题的项目所作出的决策。如果由你来答复这样的疑问，你的情绪会倾向于为自己辩解。但是要记住，这不是你的事，这是吉姆的事。把你个人的信条、情感、思维模式和情绪倾向放在一边，把自己当作吉姆，来感受这样的情况。问自己："如果我是吉姆的话，我对这个问题会如何作答？"利用你以前和吉姆打交道的经验来理解他。想想看，以前在类似场合，他是如何反应的，他如何面对难堪局面，他在一群人当中表现如何，单独与人在一起时又表现如何？他是怎么做的，又说了什么？这些信息都很重要。

你如何知道自己想对了呢？如果你在吉姆面前感到很自然、时机也正确的话，开完会后，你可以和吉姆谈谈，检验你的想法正确与否。如果你和吉姆不熟的话，另外找机会，用另一个人来做练习，并对你的想法作出测试。你练习得越多、得到越多的反馈意见，就越容易设身处地为他人着想。

## 16. 纵观全局

既然我们会透过玫瑰色眼镜来看自己，可能我们看到的就不全面。如果有机会，你是否愿意透过那些最了解你的人的眼睛来看看自己呢？建立群体意识的关键在于向外界寻求意见，这样我们就有机会看见别人眼中的我们——整体地认识自己。

不仅要请你的"粉丝"，还要请你的"批评家"，请他们评论你的方方面面，让他们诚实地和你分享他们的看法，这需要很大的勇气和力量。如果别人错了，你怎么办？如果他们表现苛刻，怎么办？如果别人是对的呢？

无论答案如何，别人的看法都是重要的，因为别人对你的看法会影响你的生活。举例说，开会时，你在思考该怎么说，别人却认为你表现漠然，这种看法会让人们决定是否把好机会给你。你的上司在选人担任项目主管时，就没有选择你，因为你给人的感觉不是细致周到，而是被动消极。

有一个办法能够让你知道别人对你的看法，它既简单又有效。为了了解你的情商，你可以做一个全面调查，就你的自我意识、自我管理、群体意识和人际关系管理技能，做一个自我评估，也请别人为你做一个评估。把你个人的评估结果和他人的评估结果，对照起来看看，你就能更全面地认识自己。不管你相信与否，别人对你的看法，往往比你自己的更准确。不过，不管这些观点如何，重要的是要意识到它们的存在，这样你就知道它们如何影响你的发展。

与其变成墙上的一只苍蝇，或是通过录像来观察自己，不如努力寻求别人的帮助，通过他们的眼睛，你会对自己了解得更多，看见自己在现实中的本相。

## 17. 捕捉房间里的气氛

一旦你熟练掌握了察觉别人发出的情绪信号这一本

领，你就可以对整个房间里的人进行观察了。这听起来可能有点吓人，但你已经学习了与群体意识相关的知识，现在只不过把范围放大一些而已。

要观察整个房间的气氛，主要有两个途径。首先，你可以借助内心的直觉。情绪是有感染力的，也就是说，它会从一两个人那里传出去，直到形成一种在某种程度上你可以感觉到的"氛围"。举例说，想象你走进一个房间，里面有 125 名企业家正在互相征求意见和交换想法。很可能用不了多久，你就会感到房间里有一种令人兴奋和积极乐观的力量。你听见人们说话声音的大小和语气，看见人们专注和兴致勃勃的姿势和神态。现在，想象你走进一个房间，里面有 125 个人等候当选陪审团成员。房间里静悄悄的，为了分散自己的注意力，人们在读报纸、听音乐或做其他事情，以此来消磨时间。即使大家来这里是尽公民的职责，但几乎没有人愿意来。这两种氛围的区别如昼夜般分明。

当你走进房间时，先扫视一圈，注意你感受到的或看见的，是充满生机，还是沉默压抑的安静？注意人们的组织状态，是行单影只呢，还是三五成群？他们在手舞足蹈地交谈吗？有些人比其他人更活跃吗？你对他们的直觉是什么？

　　还有另一个办法可以用来观察房间的气氛，就是带上一位更有经验的人来引导你，就像去非洲大草原要带上向导一样。你的导师应当是一个群体意识专家，愿意指点你如何运用本能来感受房间的气氛。跟着你的导师，听他描述自己的见闻和感受，询问他感觉到了什么，有什么线索可以让你对气氛有所觉察。最终，你要带头评估房间的气氛，分享你的看法，并把你的看法与导师的看法相比较。通过这样的训练，你很快会像你的导师一样，通过观察到的情况来判断气氛，最终你会独立地做好这件事情的。

　　人类在"社会大草原"上的行为，与在开阔的非洲草原上寻求生存之道没什么不同。尽早磨炼自己的技能，学会察觉人群当中那些稳定的、不安的或变化中的情绪，你就能在"社会大草原"上游刃有余。

Emotional
Intelligence 2.0

# 第七章
# 人际关系管理策略

处于一个新的人际关系时（无论是工作还是其它），大部分人都会愿意大幅改善，努力把事情做到最好。但时间一长，在维持关系的时候，人们就会出岔子、摔跟头。蜜月期正式宣告结束，现实生活很快开始了。

事实上，所有的人际关系都需要付出努力，甚至那些看上去毫不费力的好关系也不例外。这样的话我们都听过，但是我们真的明白吗？

经营人际关系，需要花时间去努力，并且要知道如何做。"如何做"就是情商。如果你希望你的人际关系能够保持长久活力，并随着时间流逝而增强，令你和对方的需求都得到满足，那么，医生给你开的最后一个处方，最后一项情商技能，就是人际关系管理。

谢天谢地，这些人际关系管理技能都是可以学习的。学习这些技能，并运用你熟悉的其他情商技能——自我意识、自我管理和群体意识。运用自我意识技能来关注你的感受，并来判断你的需求是否得到了满足；运用自我管理技能来表达你的感受，并采取相应行动，使你的需求得到满足；最后，运用群体意识技能来更好地了解他人的需要和感受。

最后要说的是，没有人是一座孤岛，人际关系是生活中必不可少的一部分，令生命更加充实。在两个人的交往中，你是"半边天"，所以对于加深这份关系，你也负有一半的责任。以下的 17 项策略，会帮助你作出必要的努力，来建立成功的人际关系。

## 人际关系管理训练策略

1. 对人坦率，并有好奇心
2. 提升你的"自然沟通风格"
3. 避免发出混乱信息
4. 记住：小事情，大结果
5. 善于接受反馈意见
6. 增进信任
7. 保持开放政策
8. 除非迫不得已，否则不要生气
9. 不要逃避不可避免的事情

10. 认可他人的感受

11. 体谅别人的情绪和处境

12. 把你的关心表现出来

13. 解释你做决定的理由

14. 回馈要坦率和具有建设性

15. 让你的意图和影响保持一致

16. 努力修复中断的对话

17. 应付艰难的谈话

## 1. 对人坦率，并有好奇心

我们可以听见一些读者在心里嘀咕："不会吧，上班的时候，我还要对同事坦率、对他们感到好奇？我能不能只做自己的项目，完成公司给我的任务就好了，别去碰那些让人动感情的事。"事实上，建立、加强与保持人际关系，都是你工作的一部分，即使只和一个人共事。虽然这不是对你工作的要求，你老板也许很少和你谈起这件事，但你若要成功，保持开放并且有好奇心，绝对是你工作的一部分，这一点非常清楚。

我们要探讨在人际关系管理中，"坦率"究竟是什么意思。坦率就是要把你的情况告诉别人。你可以运用自我管理技能，决定要对同事坦率到什么程度、分享哪些情况。待人坦率的好处是，如果人们更了解你，对你的误解就会少一些。举例说，如果你很在乎开会提前五分钟到场，对有人踩着点来、甚至迟到感到很生气，有人就会认为你是个易怒、刻板的人。但如果你告诉这些人，头几年你在海军陆战队呆过，那么你的同事就会理解你，甚至可能会欣赏你的时间观念和良好用心，也许你的守时观念会传染给许多人呢！

管理人际关系，不仅需要你开诚布公，还需要你去关心别人的事情。换句话说，你要对人有好奇心。你越关心别人，对别人了解得越多，就越有机会满足别人的需要，而不会误解别人。

当你问别人问题时，运用你的群体意识技能来选择一个恰当的场合和时间。要带着好奇的语气，就像圣诞老人问一个孩子想要什么圣诞礼物一样。与此相反的语气是指责，想想看，如果有人问你"你究竟为什么要买摩托车啊"，或是"你学哲学？将来能用它来做什么啊"，你会是什么感受？

当人们坦率地回答你提出的问题时，你不仅能获得信息，更好地处理和这个人的关系，而且对方也能充分体会到你对他的关心。如果你刚刚开始建立一个新的关系，或者处于已经建立起来的关系中，或者你的处境有些艰难，那么，每天花几分钟时间来辨别，有哪些关系需要你加以注意，并安排时间，坦诚地面对这些人，同时对他们表现出好奇心。

### 2. 提升你的"自然沟通风格"

你可能习惯于在和他人谈话时说出自己的看法，或者你习惯尽量避免争论，无论如何，你的自然沟通风格，会决定你人际关系的发展方向。现在是个好机会，让你运用自我意识、自我管理和群体意识技能来塑造你的"自然风格"。

在日记本中某一页的上方，写下你的自然风格，你可以任意地加以命名。想想你的朋友、家人和同事对你的沟通风格有怎样的感受，坦率、含蓄、轻松、严肃、令人愉快、谨慎、克制、快人快语、热切、好奇、冷淡，还是爱管闲事？你可以一一列举，因为你很可能不止一次听人说过，你是这样或那样的人。

在纸的左边，大致写下你"自然风格"中好的方面，这是你和人交往时，人们欣赏你的地方。在右边，把不好的方面写下来，或者是列举那些让别人困惑不解、引起别人奇怪的反应，或惹麻烦的事情。

一旦列表完成了，选择三个好的方面，多加运用，以便改善你与别人的交流。接下来，选择三个不好的方面，想办法来根除、减轻或加以改善。但一定要实实在在知道自己愿意做什么，不愿意做什么。如果你想搞清楚做什么会给你带来最好的结果，只要向你的朋友、同事或家人请教就好了。把你的目标公开会增强你的责任感，让你的人际关系有持久的改善。

## 3. 避免发出混乱信息

每个星期我们都会多次站在十字路口，依靠交通灯的指示，安全地过马路。如果红绿灯坏了，灯光要么不停地闪烁，要么完全不亮，十字路口就会出现人人只顾自己的混乱局面。交通灯正常运行的话，我们会对交通秩序很有把握，因为心里很清楚该怎么做——红灯停、绿灯行。

在人际关系方面也是这样，我们也会给人们发出信号。

感觉是会透露真相的，无论我们嘴上怎么说，感觉都会通过我们的反应和肢体语言流露出来。你紧皱眉头、含糊不清地对员工说，"最近的产品投放，你们干得很好嘛"，这就说不通，言语和肢体语言相互矛盾。与听到的话相比，人们更相信眼睛所看到的。

即使你是个相当不错的自我管理者，你的情绪也会流露出来。你每天会经历很多的情绪，大脑不会对每一个情绪进行过滤。你和人们谈话时，嘴里说的是脑子里想着的事情，身体却对几分钟前经历的情绪作出反应。

当你嘴上说的是一回事，身体或语气中表达的却是另一回事，他人会对你感到不解和迷惑。时间一长，这种困惑就会对交流造成困难，影响你的人际关系。为了解决混乱信号的问题，你要利用你的自我意识来识别自己的情绪，用自我管理技能来决定表达什么样的感情，以及如何表达。

有时候，可能并不合适发出一些信号，比如你开会的时候生气了，但不能在这个时候表现出情绪。你先把你的怒气暂时搁置，但不要一直不予理会。选择一个你可以表达怒气的时间，就是有益无害的时候，来让它表达出来。如果你的情绪很强烈、不说不行的话，最好是说清楚发生了什么事情，比如，你可以说："我有点心神不定，因为早上打的一个电话出岔子了。"

接下来的一个月，你要特别留心，在说话时，让你说的话和语气及肢体语言相配合。当你告诉别人你很好，但你的身体、语气或举动却发送不同的信号时，要加以注意。一旦你发觉自己在发送着混乱的信号，就要作出调整，使所发出的信号互相配合，或者对此作出解释。

## 4. 记住：小事情，大结果

在所有新闻、实况节目、情境剧或报纸中，我们都能发现，当代社会中，礼节正走向消亡，这是相当明显的。随着礼貌的消失，表达感谢的言辞减少了。目前，在个人关系和工作关系中，"请"、"谢谢"、"很抱歉"这样的话太少了。

大部分人会说，他们很少因为在工作中作出的贡献而得到感谢，而他们都会同意，听到"谢谢"、"请"，甚至"很抱歉"这样的话，会给人的精神面貌带来积极的影响。

想想你自己是否常常在必要的时候说了"谢谢"、"很抱歉"或"请"；如果你不经常说的话，可能是由于没有时间、没有习惯，甚至可能是自尊心受到了伤害。现在开始，把这些话语更多地应用于你的人际交往中，养成习惯。最好是每天都能更多地使用这些话语。谢谢。

### 5. 善于接受反馈意见

反馈意见是个独特的礼物，用以帮助我们改善自己看不到的缺点。因为你无法预知自己会听到什么意见，所以，在现实中，别人的反馈意见就像是一份未知的礼物，打开后，往往完全出乎意料。

别人的评价常常出人意料，所以我们需要运用自我意识技能，为这个时刻作好准备，问自己：当我感到难堪或意外的时候，我的感受如何？我是怎样表现的？有了这样的意识，再运用你的自我管理技能，问自己：我应当选择什么样的反应？

为了帮助你善于接受反馈意见，让我们来细分一下。首先，想一想反馈的来源——这个人的看法可能很重要，他了解你，看到你工作的情况，并且希望你进步。

接受反馈意见的时候，要运用你的群体意识技能，真正听进去别人说的话。为了更好地理解这个人的观点，可以问一些问题，并请他举例说明。因为向人提意见和接受他人的意见都需要宽广的心胸，所以，不管你是否赞同对方的话，都要感谢他愿意分享他的想法。

接受反馈意见后，运用自我管理技能，决定下一步该做什么。不必马上行动，时间可以帮助你消化潜在问题，厘清你的感受和想法，让你根据听到的意见作出决定。记得情感与理智的对照表吗？

在这个过程中，最困难的部分可能就是接受反馈意见了。一旦你决定根据这个意见采取某些行动，就要作出计划来实施。实实在在地调整自己，让提出反馈意见的人看到，你重视他对你的看法。没有什么比严肃对待这个人的反馈意见、并按他的建议来做更能稳固你们的关系的了。

## 6. 增进信任

你是否做过"信任训练"的游戏？是这样的：你有个搭档，你背对着他站在他前面，大约一米五远的地方。你闭上眼睛，数一二三，然后向后倒下，后面的人会把你接住。当他接住你的时候，每个人都会开怀大笑——谢天谢地，两人都没有失手。如果信任仅仅是结实的手臂和身体平衡，那就再简单不过了。

一位不知名作者说过："信任是一种特殊资源，越用越多。"建立信任需要时间，而信任的丧失却会在瞬息之间。在人际关系管理当中，建立信任感大概是我们最重要且最难以达到的目标。

怎样增进信任呢？坦率地交流；愿意分享；长期保持言行举止的一致；与人达成共识后说到做到，这仅仅是其中几点。你可能想不到，在大多数人际关系中，若想增进对方对你的信任感，你要首先表现出对他人有一定程度的信任。

为了增进信任，你要运用自我意识和自我管理技能。首先，要坦率地告诉别人你的一些情况；记住，只需要让人知道你的一部分情况就可以了，不必一开始就和盘托出。

为了经营人际关系，你要建立彼此的信任感，他人对你的信任度对加深你们的关系至关重要。加强彼此的关系和增进信任感都需要时间，看看你生活中有哪些人际关系需要更多的信任感，运用自我意识技能，问问自己缺乏什么。运用群体意识技能，问问对方，你该做些什么才能够增进信任，认真听对方的答复。征求意见可以让人们知道你看重与对方的关系，这有助于增进信任，加深你们之间的关系。

### 7. 保持开放政策

"开放政策"源自于 19 世纪末的美国，但这个词大放异彩，是在 20 世纪 70 年代末期和 80 年代早期的中国；通过这个开放政策，经过大约三十年的努力，中国从一个闭关自守的穷国，成为了世界首屈一指的经济强国。

总结开放政策的关键词是"渠道"，现在"渠道"这个概念从贸易场合转移到了工作场合。今天，真正的开放政策允许职员与处在任何位置的人交谈，鼓励每个人通过直接和方便的途径，与上司进行交流。

问问你周围的人，看看你是否也应当采纳开放政策来经营你的人际关系。如果你需要变得更易接近、让人知道他们可以随时找你交谈，采纳此项决策可能对你正合适。

请留意，你不必任何时候都有求必应，使自己劳累过度，只要愿意沟通你的政策，并坚持这么去做。运用自我意识技能，让这项决策更适合你，管理好自己，使它发挥作用。不断地观察别人（也称为群体意识技能），可以帮助你确定具体运作方法。

记住，让自己更容易接近，会改善你的人际关系。即便不能见面（通过电子邮件或电话），也会实实在在地打开交流的大门。因为你花了时间，人们会感到你重视并尊重他们。你还得到机会去了解别人。很快你就会发现，你们都成为开放决策的受益者。

## 8. 除非迫不得已，否则不要生气

"任何人都会发怒——这很容易。但是要以正确的程度，在正确的时间，为了正确的理由，按正确的方式，来对正确的人发怒，这并不容易。"

感谢希腊哲学家亚里斯多德这一经久不衰的洞察力，它可以有效管理我们的情绪与人际关系。如果你能熟练掌握这项技能，我们就认为，你的情商之旅就成功了。怒气是一种合理的情绪，不能被压制或忽视；只要你对它正确管理、有意识地加以利用，就会加强你的人际关系。

想想足球教练在中场休息时，说话单刀直入的情形。他尖锐的反馈一下子吸引了球员的注意力，让他们专注下半场的赛事。球队再次振作精神，集中注意力，准备好去打胜仗。在这样的情况下，教练设法通过自己的情绪激励他人行动。正确地表达你的怒意，表现出强烈的情绪，会让人们意识到形势的严峻性。但过分发怒，或在不恰当的时候发怒，会让人变得麻木，不再重视你。

要让你的人际关系因强烈的情感而获益，需要花时间来掌握这门技能，因为我们不希望你天天都有练习的机会。要为这项策略做好准备，有很多幕后工作，首先要意识到自己的怒气。

运用自我意识技能来想一想你发怒的不同程度，并对其加以鉴别——从让你有一点不快，到让你怒火中烧的事情，把这些事写下来，措辞要具体，写出实例，解释你的感受。确定一下，表达怒气会从某种程度上增进你们的关系吗？以此为标准来确定，什么时候应当表达愤怒。作选择的时候，要运用你的群体意识，想一想相关的人以及他们会作出的反应。

记住，人际关系管理的目的是要让你作出选择，与他人建立真诚深刻的关系。为了做到这一点，你要诚实地面对他人和自己，注意：除非迫不得已，否则不要发怒。

## 9. 不要逃避不可避免的事情

你和玛吉同在一个运输部门工作。她总是令你生气，如果按一下按键就可以把她运送到另一个部门，早在五年前你就这么做了。问题是，没有这样的按键，没有改变的指望。火上浇油的是，你的上司刚刚把一个重大项目交给你们，让你们一起做。玛吉建议一起吃午饭，讨论下一步该怎么做，你很快想出了一串理由拒绝了她。你已经正式地把玛吉打发掉了，现在该怎么办？你依然在原地踏步（事实就是如此），这个项目依然得做，你也依然得想办法和她一起来做。

虽然你可能不会选择和玛吉做朋友，但是你们现在要共同负责这个项目，这时人际关系管理技能就完全派上用场了。和玛吉共事的基本策略是这样：不要逃避她，也不要逃避困难。接受现状，运用你的情商技能来和她一起进步。

你要留意自己的情绪，设法管理好它们。既然在这个情况下，你并非只身一人，那么，你就要运用你的群体意识技能来想象玛吉的处境，设身处地为她着想。可以和她谈谈这个项目，看看她有哪些经验和想法。观察她的肢体语言，看她对你作出什么反应。也许你同样惹她生气呢！发现这一点或许让你有点难受，但实际上，这可能会为你们在彼此共事中改善关系打下基础。

下一步，告诉她你对于从事这个项目的看法，与她达成共识。你不必让玛吉知道你对她不感兴趣，相反，你可以让她知道，你更喜欢和她分开来做这个项目的不同部分，在工作过程中你们保持联络，以确保工作进展良好。如果玛吉同意这样做，你们的工作方法就敲定了。如果她不愿意，你就运用更多的自我意识和群体意识技能来与她交流，直到你们达成共识。

如果在工作过程中你有些泄气（会出现这种情况的），问一问自己，是什么原因，并设法控制自己的情绪。下次和玛吉见面时再重新沟通，要提醒自己这个项目的目标是什么。在项目完成时，对你们共同完成的工作予以肯定。

## 10. 认可他人的感受

如果你以人际关系糟糕而著名的话，这项情商策略就是让你开始改善的好办法。比方说，一天早上，你在公司的停车场停车，看见杰茜满眼含泪地从旁边的车里出来。你问她还好吗，她说不好。你就说："工作起来你就不会多想了。办公室见。"后来你一直纳闷，为什么她一整天都避开你。

人际关系管理的一个要点是，要让自己去经历不适感，花点时间来认同他人的感受，而不要试图去压制或改变。你可以说，"知道你心情不好我很难过，我能做些什么吗？"让杰茜知道，如果哭出来会让她感觉好些的话，你愿意为她递上纸巾。这样简单的举动是对别人情感的认同，既没有大惊小怪，也没有忽视或草草了事。也许你不会有同样的感受，但每个人都有权利表达情绪。你可能不一定赞同人们的感受，但是你必须要承认那些感受是正当的，应当得到尊重。

我们以杰茜为例来帮助你确认他人的感受。运用你的群体意识技能，专心地听她诉说，并把你所听到的总结一下，对她复述一遍。这样不仅让人看到你高超的倾听技能，也表现出你善于经营人际关系，因为你向她伸出了援手，并表达了对她的关心。现在，杰茜平静下来了，最终结果是你与她有了更好的关系，而你所做的只是花些时间去留心并关注她的情感。

## 11. 体谅别人的情绪和处境

如果你平静地打电话给公用事业公司，让他们在你每月账单中取消一项不正确收费，你会假设，客户服务代表会友好、周到、礼貌地答复你。

假设你这次要打同一个电话，但你心情恶劣。你对账单错误感到烦躁、焦虑和恼火。足足等了十分钟才有人接听，这更令你生气。当客户服务代表和你通话时，他能从你的声音中听出你的心情不好。他的声音听上去很认真，似乎想尽快解决这个问题。这种专业态度和服务让你很欣赏，问题解决后，你就不再想这件事了。这位客户服务代表很善于捕捉信号，这些信号让他知道应当毫无异议、快速地予以办理——这对顾客和公司都有好处。高情商让他得到更多的升职机会，也更受欢迎。

这位客户服务代表恰好使用了人际关系管理的一项策略，这要求你运用群体意识技能——倾听、专注、设身处地为对方着想，辨认别人情绪激动的原因，作出恰当、赞同的回应。最后一点是"作出赞同的回应"，不需要你表达与对方相同的情绪；如果客户服务代表和你一样不耐烦，就没有道理了——那只会把客户惹怒。模仿他人的情绪也会让同事或朋友敬而远之。赞同的回应是让人知道，你认同和看重对方的感受。

在人际关系中练习赞同他人的情感，可以想想你曾经历的一两次情绪激动的场面，当时有人和你在一起，那人对你的回应如何？他(她)的回应让你感觉舒服还是难受？
这个人能够赞同你的情绪吗？一旦你能回答这些问题，就
轮到你来体贴赞同他人的处境了。给自己一两个星期的时
间，准备好随时帮助工作中或家庭中最亲近的人。告诉自
己：你的任务就是关注他们的情绪，专心帮助他们。无论
是为他们高兴也好，担忧也好，你对他们正在经历的事情
都表达了体贴和关爱。

## 12. 把你的关心表现出来

全世界胸怀大志的高情商经理都应该听听这个故事：
一天早晨，我睡眼朦胧地走进办公楼电梯，开始新一天的
工作。头一天晚上，我熬夜完成了上司交给我的一些工作。
当我到达办公室时，我看到有一盒新鲜的的饼干，还有一
张卡片，上面写着，"谢谢你的出色工作。"这是上司送
给我的。她平时是个大忙人，奔波于家庭和工作之间；而
竟然挤出时间，到蛋糕店买饼干以满足我对甜食的热望，
并提前赶到办公室，把饼干放在我的桌子上。她的周到体
贴简直把我感动得想流泪。

人们常说，一件小事会带来长远的影响。那块饼干激

励我更勤奋地工作，而且心中怀着强烈的忠诚和喜悦。

我们都听到这样的故事，虽然具体情况不同，但策略都是一样的。每天你周围都有人工作出色，你要表现出对他们的关心。不要犹豫或推迟到下一个星期。这个星期或今天，就做点事情。送一样简单的东西，比如贺卡，或其他价格不贵但有意义的东西，只要能表达你的感受就行。这样做会为你与他人的关系带来影响，使你们的关系更加坚固。

### 13. 解释你作决定的理由

来到一个不熟悉的地方，漆黑一团的感觉会让人害怕。举例说，你计划去露营，但到达目的地的时候天已经黑了，这时要找到你的设备可不是件容易的事，你得在黑暗中把帐篷搭起来。静悄悄、阴森森的野外让人害怕。睡觉时你都不敢把眼睛完全闭上，只希望万事大吉。

第二天你醒来的时候倦意犹存。把帐篷打开后，你对周围的美景惊奇不已：美丽的山水，林荫小径，蹦蹦跳跳、活泼可爱的小动物。没有什么可怕的东西。很快你就把前一天晚上的担忧忘得一干二净，一整天都在到处游逛。那么，起初你到底担心什么呢?

这两个场景的唯一区别就在于光线。在同一个地方，和同一群人在一起，装备也一样，但是当其他人为你作决定，而你一无所知时，感觉就像在黑暗里。对于裁员、合同的洽谈，以及类似的事情，你一无所知，就像在黑暗中支起帐篷一样。如果裁员让你的工作量加大，或者改变工作时间，只有等到通知发下来，你才会知道。如果税额改了，等到发工资的时候你才会知道。没有追索权，没有试行期，事情早就定了。

因为我们已经不是孩子，或要依赖别人生活，所以这种事情让我们成年人难以接受。我们需要知道决策的原因，然后才会对决策给予支持。

当你用情商来管理人际关系时，请记住这一点，不要简单作出决定，并期待别人接受你的决定，而要花时间解释你作决定的原因，包括备选方案，以及告诉大家为什么最后决定是最合理的。如果你能提前征求别人的意见和看法，那就更好。最后，要说明这个决定会给每个人带来怎样的影响。即使决定会给人们带来不良影响，他们也会喜欢这种透明和坦率的态度。透明与坦率会让人感到被信任和被尊重，而且人们会感到与管理层很接近。这跟两眼一摸黑，只是按照接到的通知去工作的感觉正好相反。

如果你习惯于单枪匹马地快速作决定，你很可能是个人能力很强的人。旧有的习惯已经牢牢植根于大脑中，不易根除，但现在还是到了重新为大脑布局的时候，要把群体能力加入你的决策当中。

首先，你很容易想到即将决定的事情。把你的日历拿出来，看看三个月内需要作出哪些决定。现在，往回推移，看看谁会被这些决定所影响。列出每项决定会影响到的所有人的名单，定下时间、地点与人们商谈每个决定，详细解释为什么以及如何作出这样的决定。如果你必须为此专门邀请人们参加一个会议的话，就这样做吧。在计划你的会议流程以及措词时，运用你的群体意识技能，设身处地为他人着想。这样，无论是在作决定之前还是之后，你都会说出合乎人们期待和盼望的话。

## 14. 回馈要坦率，和有建设性

想一想你听到过的最好反馈。它不见得是你想听到的或期待的，但是却为你以后的工作带来了不同。这个意见或许影响了你整个工作表现，或影响了你对一件具体事情的处理办法，甚至影响了你的事业。是什么让那个反馈如此好呢？

如果你负责给别人提出反馈，有几本手册可以在提出反馈的过程中帮助你，确保反馈合法，并合乎人力资源规则。不过耐心听我说：如果你只是遵从法律规则来提出反馈，它不会给人们的工作或生命带来变化；在反馈中注入情商技能，就会起到这样的作用。

我们应当这样看待反馈和情商。提出反馈是加强人际关系的过程，需要有效运用所有四项情商技能。运用自我意识，想想你对反馈是什么感受。你在这个过程感到轻松吗？为什么轻松，或者为什么不轻松？接着，根据刚才问题的答案，运用自我管理技能来决定你该怎么做。举例说，如果你想就电话礼仪提出意见，但你不想让人们觉得你在偷听他们的电话；如何才能克服这种担忧，大胆地把你的意见讲出来呢？这由你自己决定，但是不能因为觉得不安，就忽略给人们反馈。

其次，运用你的群体意识技能，想想听到反馈的人。记住，反馈要对事不对人，但怎样才能让对方听到你的话时觉得清楚、坦率、有益，同时又感到被尊重呢？有益的反馈包括两部分——把你的看法告诉人，并就改变现状提出解决办法。以陶德为例，他人很直，拐弯抹角地告诉他，在打电话时要更有礼貌，只会让他感到受了伤害。但是如果他本来就打算采取更柔和的说话方式，你可以考虑以两种方式提出意见，一种柔和些，一种生硬些，这样他可以听出二者区别，并从中认识自己的问题。

与陶德不同，詹妮是一个很敏感的人。既然这是一个加强人际关系的经过，在打算给反馈时要考虑詹妮本人的特点。从缓冲词开始，比如"我觉得"、"我认为"，或者"这一次"，会减轻她受到的打击。不要说"你的报告写得不象话"，而说"我认为你的报告中有些部分可以作些改动。我可以建议你看看哪些地方需要改一改吗？"这时，你提出的改进建议对她就会有帮助，而不显得过分生硬。最后，你要问一问这个人的想法，如果他愿意考虑你的建议，要对他表示感谢。


## 15. 让你的意图和影响保持一致

比如说，你在开全体员工会议，会议的下一步议程，是搞清楚一些重要事情为什么没有按期完成。迂回一番之后，看来部分责任要归咎于埃娜，房间里的气氛变得紧张起来。出于一番真诚的好意，你想让大家轻松些，说："埃娜，看来你吃午饭的时间太长，现在到了算账的时候了！"

没有人发笑，反而是一片死寂。你不知道自己做错了什么，事后你告诉埃娜："我当时只是开玩笑。"但她看上去就是不高兴。好心人经常好心办坏事，想要补救，才发现为时已晚。

有一个经理，一心只想要好的结果，努力带领她的员工们朝着更高的目标努力，这本是好的。但她太想成功了，整个心思都放在工作上（她或者自己做大部分的工作，或者强迫别人按照她的想法来做），完全忘记了如何想办法和他人一起完成工作。员工们认为她事必躬亲、好胜心强，从不与别人分享信息，只让员工们像她学习。但是最终又是"好心办坏事"。她的人际关系遭到损害，还搞不清楚员工们怨恨她的原因。

如果你发现自己想把事情搞清楚，以便修复某个人际关系，或者你不太清楚在你的人际关系中出了什么问题——这样的情况是不可避免的，那么，在你的意识技能和管理技能的帮助下，作一些小小的改变，情况会大为改观。

为了让你的意图、言语和行动保持一致，你需要运用群体意识技能和自我管理技能，观察相关情况和人，在说话与行动前要想一想，做出恰当的、敏感的回应。快速地想一想曾经有过的某次经历，你说的话或做的事情造成的事与愿违的影响。在一张纸上写下那次事件，写出你的意图、行动以及造成的影响——最后结果和他人的反应。接着，写下你当时没有意识到的情况——事后对事情的认识，包括你忽视了的信号、你对自己和别人的了解。最后，回答这个问题：如果你想保持意图与影响的一致，你会怎么做。如果你不确定的话，请教一下与当时的事件有关的人。

在埃娜这件事上，你没有意识到当时开玩笑的时机不恰当，却在众人面前捅了她一刀。下一次，你如果想缓和气氛的话，可以拿自己开玩笑，而不要开别人的玩笑。这位好胜心强的经理没有意识到，她的员工需要什么样的动力。她没有给员工们时间和空间，让他们通过学习来自我发展。要更好地管理你的人际关系，关键在于行动前要考虑到，你的行动是否会违背你的意愿。这样，你就可以采取相应的行动，让你的良苦用心得到回报。

## 16. 努力修复中断的对话

航空公司代理人通常是不可避免的坏消息的运载者——天气变化、机械故障推迟航班，行李丢失，超员预定等等。类似的事情会源源不断地出现。航空公司代理人会想方设法弥补你的损失，比如重新为你订票或给你代金券，设法把你送到目的地，并解决你的问题。

可以很放心地说，大概每个人都进行过需要修复的谈话。简单的讨论变成了争执，或者陷入了你一言我一语、没完没了纠缠的地步。在对话当中，你可能会翻旧账、说出令自己后悔的话、对人横加指责。不管谁说了什么，是谁先说了导致破裂的话，这时候都需要重新回到问题本身，加以解决。这时总需要有人后退一步，衡量一下当时的情况，开始采取补救措施来修复对话。

为了做到这一点，你就不能再责怪别人，而要专心修复对话。你想要正确，还是想解决问题？运用你的自我意识，来认识你在目前局面中所起的作用。自我管理会让你把个人倾向放在一边，去选择有效的解决办法。群体意识技能会帮助你发现对方的看法和感受，对双方进行观察，搞清楚彼此的交流在哪里出了问题，开始说出补救的话来进行修复。补救的话应该像一缕清风，语气不偏不倚，找到双方的共同语言。它可以很简单，比如"这可真难啊"，或者问人们感觉如何。补救会给大多数的对话带来好处，如果你感觉谈话就要失控，说些补救的话，不会有坏处的。

在你心情不好的时候，这项策略会帮助你保持对话顺畅进行。通过有意识的努力练习，在对话变得无法补救之前，你完全有能力对其进行修复。

## 17. 应付艰难的谈话

"为什么这次没有让我升职？"你的员工朱蒂丝用略带戒备的口吻问道，她一副受伤的表情，声音有些发抖。这将是一场艰难的谈话。你还没来得及告诉朱蒂丝，但罗杰斯被提升的消息已经不胫而走。你很看重朱蒂丝和她的工作，但是要告诉她，目前她还没有准备好去承担更高层次的工作。这还不是谈话中最难的地方，控制伤害的程度才是最难的。

从会议室到休息室，哪里都可能出现艰难的对话，你可以平静而有成效地解决它们。不要想着逃避它们，因为这样的事迟早会追上你的。虽然情商技能无法让这类谈话消失，但是它可以让谈话进程容易许多，不至于导致人际关系的破裂。

（1）从已达成的共识开始。

如果你知道你们的对话很可能会出现意见分歧，那么可以先从你们的共识开始。比如，双方都同意，你们的讨论将会很艰难但又很重要，或者双方都认同一个共同的目标；无论如何，都要创造一种和谐的氛围。你可以说："朱蒂丝，首先，我想让你知道，我很看重你，我很难过你不是从我这里听到这个消息，而是从别人那里得知的。我想花点时间跟你解释一下情况，告诉你一切你想知道的事情，我也想听听你的看法。"

（2）请对方帮助你去理解他或她。

人人都希望得到别人的聆听，如果他们觉得没有人聆听，失望情绪就会涌起。所以，在人们感到失望之前，先请他们陈述自己的观点。必要时你要控制自己的情绪，只要专心去了解对方的看法。你可以对朱蒂丝这样说："朱蒂丝，在谈话的过程中，我希望你能畅所欲言，我确实想了解你的看法。"通过询问朱蒂丝的情况，你表现出对她的关心和更多了解她的愿望。这是一个可以维护并加深你们之间关系的好机会。

（3）抑制想要"报复"或反驳的冲动。

你的大脑不可能一边仔细聆听，一边又想着如何回复对方。运用自我管理技能，制止你内心的声音，让自己专注于面前这个人。目前的情况是，朱蒂丝没有得到她梦寐以求的提升机会，而且她是从小道消息得知这件事的。让我们面对现实，如果你想保持你们的关系，你就需要保持安静，听她诉说自己有多么震惊和失望，你得抑制住自己想要辩解的冲动。

（4）帮助对方理解你。

现在该你帮助对方来理解你的想法了。要向她说明，你在考虑这件事的时候的不安，以及你的想法和理由。说话要清楚简明，不要绕圈子或暗示。在朱蒂丝这件事上，你说的话最终会成为她很看重的反馈意见，这是她应得的。这时候，向她说明罗杰斯经验更丰富、更适合这个职位，是恰当的。既然罗杰斯提升的消息来源令她不快，应当为此而道歉。在艰难的情形下，既要对人怀有同情，又要足够清楚地说明自己的想法，这种能力是人际关系管理至关重要的一个方面。

（5）把对话推向前。

一旦你们了解了彼此的看法，即便有些争议，总得有人把对话推向前。在朱蒂丝这件事上，这个把对话推向前的人就是你。要再次试图寻找两人之间的共识。当你和朱蒂丝交谈时，你可以这样说："我很高兴你直接来找我，让我们有机会谈一谈。我能体会你的处境，听起来你也理解我的处境。我依然会着力地培养你，让你在工作中积累必要的经验。你有什么想法呢？"

（6）保持联络。

要解决一个艰难的谈话，即使谈话结束后，也要给予更多关注，因此要经常留意情况的进展，问问对方是否满意。在工作过程中要保持联系。你对保持双方关系的顺利发展负有一半责任。定期与朱蒂丝见面，谈谈她的事业发展和升职的可能性，让她看到，你一直在关心着她本人的发展。

　　最后，当你进入一个艰难的谈话当中时，准备好采取高姿态，不要为自己辩解，练习上面谈到的策略，始终保持乐于听取他人意见的态度。这样，和人们进行这种谈话时，你就不会失利，反过来还可以利用这个机会，让你们的关系变得更稳固，并继续发展下去。

Emotional
Intelligence 2.0

后　记
一些事实：
关于情商的最新发现

TalentSmart 公司公布了情商测试之后，对于商业界领袖、专业人士或任何想生活得更幸福、更健康的人来说，"情商 EQ" 这个概念开始在他们心中生根发芽。通过测量自己的情商，他们知道如何迅速改善自己的行为模式，因此，情商测试很快成为人们的工具，让人们能够运用最新、高超的情感技能，来加强人际关系，帮助人们更好地作出决定、更好地前行。最终结果是，让企业和组织更成功。在 TalentSmart 公司，我们观察到，数十万从最底层到最高层的人员踏上了高情商之路。

从那以后，情商技能培训欣欣向荣，我们特别注重一路跟踪那些不断变化的美妙景象。研究发现令我们吃惊，也常常令我们振奋。我们一再发现，在人们追求幸福、健康和丰盛的个人生活及事业成就的过程中，情商技能发挥着极为重要的作用。更具体地说，在有关两性关系、代沟、事业进步、寻求更高收入的工作等方面，我们的研究都有新的发现，得到了新的线索，让我们知道在日益全球化的经济中，哪些国家会首先取得成功。

下面就是我们的新发现……

## 极地开始冰融：情商的过去与现在

在 2008 年末，我们对 2003 年以来美国人的情商变化情况做了细致研究。那些我们曾经测试并教授过的人的情商提高了，对此我们并不感到奇怪。然而，我们观察到一些新的群体，他们的情商得分每年都在增长，这让我们很感兴趣。这种增长年复一年，持续不断。那些我们从未测试过或教过的人，他们的情商指数也在缓慢、稳定地增长。我们发现，从 2003 年至 2007 年，美国雇员的情商指数有了显著提高。

持怀疑态度的人看着下面这张图，可能会想：有什么大不了的，五年只增长了 4 分！但是请设想一下，小小的温度变化，例如一至两度，对我们的生态系统会有多大的影响吧！同样，在工作场合，低情商的"极地"冰层开始融化。

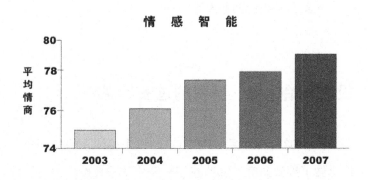

情商的大幅提高会带来一些具体变化，一旦我们对其
进行仔细观察，就会看到改变的真正力量。在过去 5 年
里，我们看到，充分了解自己和他人情绪的人，在总人口
中的比例，从 13.7% 增长到 18.3%。在同一时期，关于焦
虑、失望和愤怒等情绪对行为造成的影响，知之甚少的人
数比例从 31% 下降到 14%。当你把这个比例应用于 1.8 亿
美国工作人口时，这意味着，现在能够在紧张冲突中保持
冷静的人，比 2003 年的时候多了 900 万；当同事及客户
处境艰难时，能够表达对他们的关心的人，多了 900 万；
那些对自己的行为带给他人的影响浑然不觉的人，减少了
2500 万。

这项发现的特别之处在于，在我们的抽样调查中，几

乎没有人在测试前接受过正规的情商训练，然而他们的情商在逐年稳定增长。那些有意识地锻炼和提高自己的情商行为的人，似乎在影响着那些对这个概念一无所知的人。情商技能，就像情绪本身一样，是有感染力的。这意味着，我们的情商技能与周围的人和环境很有关系。我们越多地与富有同理心的人打交道，我们自己也会变得越有同理心；我们越多与乐于谈论自己感受的人打交道，我们就会越善于识别和了解自己的情绪。这说明情感智能的确是一种可以学会的技能，而不只是上天赐给少数几个人的天赋。

| 年代 | 高情商人数百分比 | 低情商人数百分比 |
|------|----------------|----------------|
| 2003 | 13.7 | 31.0 |
| 2004 | 14.7 | 19.0 |
| 2005 | 14.8 | 18.5 |
| 2006 | 15.1 | 17.1 |
| 2007 | 18.3 | 14.0 |

但是好日子结束了。2008 年，自从我们开始跟踪以来，第一次出现总情商下降的情况，这显示出这些技能多么容易受到环境变化的影响。

美国联邦政府的经济学家们准确地指出，2007 年 12
月是美国 70 年来经济状况最恶劣的开始。就是说，2008
年的每一天，人们都在经历经济衰退。2007 年到 2008 年间，
情商的下滑，是经济困难引发的。经济、家庭或与工作相
关的困难，引发了非常多的消极情绪，时间长了会令人倍
感压力。除了身体因压力大而吃苦头，比如体重增加、心
脏病爆发之外，压力还会消耗我们的心力。在没有压力的
情况下，我们在面对日常的艰难困苦时，会有意识地多加
努力来保持平静。我们对突发事件的处理更有把握，也会
用心处理好棘手的事情。然而，管理不善的压力则会消耗
大量的心力。在我们的理性思维忙于力挽残局的时候，我
们的大脑却衰退到类似军事管制的状态，行为完全被情绪
操纵。突然之间，你的工作项目遭遇的一点挫折，在顺境
时期，本来并不是什么大不了的事情，但现在，却让人觉
得似乎是大祸临头，而不是小事一桩。对许多人来说，最
需要用到情商技能的时候，也就是面临压力时，情商技能
却恰好跑掉了。只有那些经过良好训练、情商技能几乎成
了第二天性的人，才能经得住考验。

这种压力对平均情商具有重大影响。2007 年，高情
商的人占 18.3%，到 2008 年只占 16.7%。换句话说，在建

立高情商社会的战斗中，我们失去了 280 万精兵强将。这 280 万人本应该是引路者，为他人培养更高情商做出贡献。但是，他们却在为保持自己的基本情商技能而苦苦挣扎。

| 年代 | 高情商人数百分比 | 低情商人数百分比 |
| --- | --- | --- |
| 2003 | 13.7 | 31.0 |
| 2004 | 14.7 | 19.0 |
| 2005 | 14.8 | 18.5 |
| 2006 | 15.1 | 17.1 |
| 2007 | 18.3 | 14.0 |
| 2008 | 16.7 | 13.8 |

## 两性之争：情商与性别

起初，希拉在一家跨国咨询公司担任医疗保险专业顾问。仅仅几年，她的工作不但令客户极为欣赏，还得到上司的高度评价。她现在就职于中西部的一个大型医疗系统。希拉 30 岁出头，已经是助理副总裁，很快就要被提升到总监级了。以前和现在的上司一致认为希拉不仅聪明，还有一点特别之处，他们也说不清楚。在希拉早年的顾问生涯中，她一次又一次地缓解了与客户间的紧张气氛，她的前任经理总结了希拉成功的秘诀，那就是她"能赢得人心"。

2003 年，我们发现，男性的情商表现，与女性很不同。女性在自我管理、群体意识以及人际关系管理方面的表现超过男性，而男性只在自我意识方面与女性持平。

但时代变化了，男性也发生了变化。

下图表明，男性和女性在识别他们个人情绪方面是齐头并进的——正如在 2003 年一样。但是男性在管理个人情绪方面，已经赶上了女性。这个变化要归功于社会规范的改变。

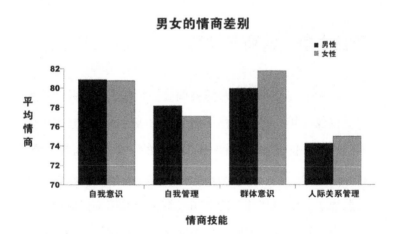

男女的情商差别

男性得益于社会文化的发展变化。现在的文化鼓励男性对自己的情感多加关注，这对于他们清晰思考有极大的帮助。难怪在决策技巧最好的 15% 的人当中，70% 都是男性，他们的情商技能得分也是最高的。与此相反，低情商的男性领导者当中，没有一个居于最好决策者之列。这看似与我们的直觉相悖，但实际上，关注情感才是作出好决策的最合理途径。因此，不要觉得花时间去处理愤怒和失望情绪是软弱的表现，现在，男人已经把掌控自己的情感作为拥有准确判断力的必做功课。

## 高处不胜寒

想一想堆积如山的情商著述，你会以为企业高层管理人员对情商认识得相当清楚。但正如我们在《哈佛商业评论》一篇题为《无情无义的老板》的文章中指出，研究表明，人们并没有领会情商的要旨。我们对来自六大洲各行各业的 50 万高级管理人员、经理和一线员工进行了情商测试，其中包括 1000 名 CEO（行政总裁）。从公司的下层到中层，得分随着职位上升而上升。中层经理们在职业大军中得分最高。但是从中层往上走，情商得分呈现急剧下降的趋势。总监以上职位的人，得分下降得比踩着滑雪板速滑还快。在职业世界，总经理们的情商得分基本上是最低的。

一位领导者的首要作用是通过人们来完成工作。你可能会觉得，既然如此，职位越高的人，与人交往的能力就越好。现实情况恰好相反。太多数领导得到升迁是因为他们具备丰富的工作经验，或工作年资较长，而并非因为他们具备管理别人的才能。一旦他们升到高位，与员工交往的机会反而少了。然而在高级行政人员当中，具有高情商的人表现也最出色。我们发现，情商对工作表现的影响，比其它领导力技巧更为重要。对每一种工作职位来说，都是如此，情商得分最高的人，工作表现都超过了同样职位的其他人。

情商与工作职位

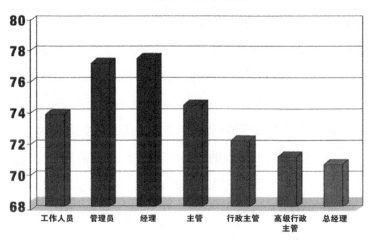

## 人才辈出：情商与年龄

出生于"婴儿潮"时期的人，已经开始大批离开工作场所。美国人才管理办公室的资料显示，从 2006 年至 2010 年，由于"婴儿潮"时期出生的人的退休，美国企业将要失去近 29 万名经验丰富的全职员工。

当"婴儿潮"时期出生的人开始安度晚年时，艰难运转的经济发动机失去的不仅仅是银发、大笔退休金和肯尼迪暗杀事件的记忆，这些人在工作场所身居要职，他们的退休造成了领导职位的空缺，必须由下一代来接替。问题在于这些接班人能否经得起挑战。

我们想找到答案。我们把现在的在职人员分为四代——第四代（18岁至30岁），第三代（31岁至43岁），"婴儿潮"一代（43岁至61岁），传统一代（62岁至80岁）。我们分别观察这四代人的核心情商技能，发现第四代与"婴儿潮"一代在自我管理水平上出现了巨大的差别。概括地说，在事情不如意时，"婴儿潮"一代与年轻一代相比，情绪失控的倾向要小得多。

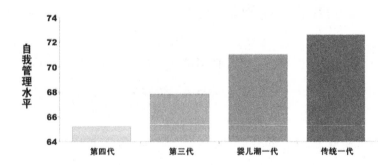

也许这不该是令我们担忧的真正原因。毕竟，自从弗兰克林·罗斯福总统签署了社会保障议案后，退休已成为一件必然的事情。这样的话，新生代的准领导者要接过婴儿潮一代的领导力，将会面临多少困难呢？

如果没有纯熟的自我管理技能，这样的更新换代会比我们想象的要困难得多。当然，第四代人的工作方法可能不同于婴儿潮一代，许多人说事情不会变得更糟糕。实际上，身处信息时代，第四代人在知识和技术上的熟练程度，比起婴儿潮一代具有更大优势。可是，事情已经很清楚，领导力远远不只是一个会走路的维基百科全书。因此，如果第四代的人连自己都管理不好，我们怎么能期待他们去管理别人，更不要说去领导别人了。

对于经验丰富的人与年轻人在自我管理技能上存在如此大的差别，我们在 TalentSmart 公司一次又一次地讨论，以期对此作出合理的解释。一种可能性是，这个时代充斥着太多的电子游戏、令人即时满足的互联网、溺爱儿女的父母亲，这一切造就了自我放纵的一代年轻人，他们控制不住自己，在紧张局面下意气用事。但是，我们不能信服这样的解释。

当我们从另一个角度来看这项资料时，情况就变得明晰起来。随着年龄的增长，自我管理技能也会稳定增长：60 岁的人得分比 50 岁的人高，50 岁的人得分又比 40 岁的人高，如此类推。那就说明，年轻一代自我管理能力差，与他们成长于 iPod 和 MySpace 的时代无关，这些事情我们也无法改变。第三代和第四代的人只是没有老一辈人丰富的经历，让自己得到情绪管理的训练。这是好消息，因为第四代人是可以得到训练的；让时光倒流并改变他们的教养则是匪夷所思的。

这个发现让我们了解不同时代人的不同特点，也让我们认识到情商的可塑性。通过练习，任何人都可以变得善于察觉和管理情绪，而且很多人已经做到了。培养这些技能需要花费时间，但是认真下功夫的话，就可以把时间大大缩短。第四代人有一个显著特点，他们吸纳新知识和掌握新技术的能力很强。这意味着，完全在于每个人自己去采取必要的行动，去培养其情商。对于第四代的人来说，他们可以选择通过自然成长，让岁月发挥作用（等到 50 岁时才熟练把握自己的情绪），或者自己去掌控自己的发展。如果他们选择的话，他们现在就可以开始；等到他们 30 多岁的时候，他们就会具备沙场老将的风范。

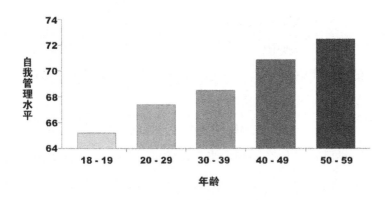

　　婴儿潮一代即将很久就要退休了，有才干的、二十来岁的年轻人不仅能够预备好去担当领导者职责，而且他们必须这样做。在他们当中，能够花时间努力训练自己、在不应该说话的情况下忍住不说话、心情不好时依然愿意与人交流的人，将会在明天的企业里填补领导者的空缺。获得领导者的位置，不仅会增加他们的收入，也能够改变周围的世界，这是第四代人极其渴望的。

## 中国的秘密武器：情商与文化

　　"中国制造"的含义已经今非昔比。长期以来，13

亿人口被视为这个国家在全球经济中唯一的竞争优势。当
美国工商界对中国劳动力视而不见的时候，急速成长起来
的有技能中国员工，现在已成为美国企业最大的竞争威胁。
怎么会发生这样的事呢？

先不要管沃尔玛每年从中国进口的 250 亿美元货品，
这早已不是什么新闻。当今，中国已经拥有可以掌握金
融、电信和电脑技术的熟练员工。你对此感到惊奇吗？
2004 年，中国电脑巨头联想公司花了 12.5 亿美元买下了
IBM。2005 年，美国的投资者们争先恐后在该年度最大的
公开募股中，投资于一家拥有 5210 亿美元资产的中国银
行。那次公开募股，标志着中国的金融机构首次向海外售
出股份。这家银行尽管规模庞大，却仅仅是中国的第三大
银行。即使经济力量均势还没有完全转变，但中国无疑已
经是美国最大的债权国。沉睡的巨人确实已经苏醒过来了。

几年前，TalentSmart 的研究人员决定看一看，对中国
来说，在从廉价物品供应国到知识型领导者这样巨大的转
变中，情商起到了什么样的作用。2005 年夏天，我们对
3000 名中国高级行政人员进行了情商测试。我们出乎意
料地发现，中国经济成功的秘密所在，同时也在全球市场
中对美国企业构成严重威胁的元素是：约束。在自我管理

和人际关系管理上，美国行政人员的平均得分比中国行政人员低了 15 分。

参与研究的中国行政人员是在本土成长起来的人才。3000 名来自国营和私营企业的行政人员参加了中文的情商测试。这些行政人员在自我意识和群体意识方面的得分，虽然比美国的样本高出一点，但从数据分析的角度来说几乎是一样的。这意味着，两个国家的行政人员都能够意识到自己和他人的情绪，但是中国的行政人员能够利用这种意识，让自己受益——事实胜于雄辩。

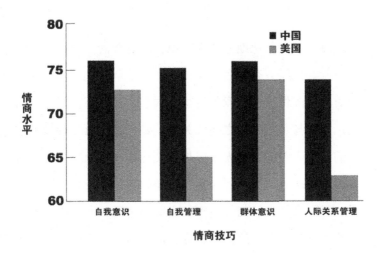

美国人力资源的"胜任素质模型"，中国的行政人员已经活在其中了。美国领导者喜欢把这些行为举止诉诸笔端，却不去付诸实践。美国的行政人员在征求意见、团结协作、互相了解以及兑现承诺等方面，似乎都仅限于说说而已。

把生意做得有人情味，在中国不是什么新鲜事。行政人员经常与员工就餐，讨论业务发展动向、事业展望以及各人的家庭。人们期待他们的领导者在决策、与人交往和个人进步方面，成为卓越的榜样。因为人们确实很在乎这些事情，如果没有尽到这些职责的话，的确令他们感到羞愧。

对于世界其他地方的人来说，这很有借鉴意义——注意控制好情绪，否则后果自负。在这个全球化市场中，无论对于力图保护现有竞争优势的国家，还是正在崛起的国家，情商与经济繁荣之间的关系，是无论如何强调都不过分的。由于中国行政人员成长的文化环境比较独特，在这方面中国略具优势。如果你在这样的文化中长大，情绪暴躁、只顾满足自己的行为不仅会受到劝阻，人们还会为这样的事感到羞耻，这样的教养必定会影响你管理自己和他人的方式。正如我们早些时候讨论过的，情商极易受到文化的影响。这里的问题在于，文化是否鼓励或禁止高情商的行为。

中国有句谚语说："临渊羡鱼，不如退而结网。"对这句谚语的其中一个理解是，人若没有钓鱼竿，没有钓饵，就会有看着满池塘的鱼而饿肚子的危险。同样，对情感无知的人，他们对情绪如何影响、以及在哪些方面影响生活知之甚少，要获得成功会相当困难。另一方面，那些用正确方法和策略来管理自己情绪的人，更容易成功。这一原理不但适用于个人，而且适用于所有机构、甚至是整个国家。

## 最后的思考：情商与未来

所有这些发现既让人感到鼓舞，又给我们提出了严重的警告。五年间，情商稳步上升，而 2008 年又出乎意料地下降，还有就是男性的情商技巧在上升，从这些现象可以看出，情商是可以学会的，同时它也可能丧失。就像你在夏天时苦练减肥，到冬季节日期间又恢复了原先的体重一样。你可以把自己的情商技能磨练得很锋利，而用不了多久，就因疏于练习而变钝。因此，我们明确地建议，你不仅要阅读本书，并且至少一年一次地重新回顾这些情商策略。

你不会只练习半年高尔夫或钢琴就停下来，然后期待自己永远都是高尔夫高手或是钢琴大师吧？情商技能培养也是一样，如果你中止或不再刻意练习这些技能，几乎可以肯定，你会被将来生活道路上的艰难处境压倒。你会滑入旧有习惯当中。失去这些得之不易的技能，就像得到它们那么容易，同时失去的，是更高的收入、更坚实的人际关系以及更好的决策。

Emotional
Intelligence 2.0

## 阅读小组讨论问题

讨论情商可以帮助你把学习与行动结合起来。用这些问题进行有意义的对话，加强你对这四项技能应用于日常生活中的认识。

1. 在阅读《成功 EQ 密码》这本书前，小组中有多少人了解"情商"这个概念？

2. 对于从未听说过情商的人来说，在阅读《成功 EQ 密码》这本书后，最重要的发现是什么？

3. 对阅读本书前就了解情商的人来说，阅读本书让你们有什么重要的发现？

4. 布奇·科纳在遭遇鲨鱼攻击时经历到"情绪挟持"，你有没有相似的经历？

5. 你感受到的情绪，会造成哪些生理表现？（比如说，你生气时可能会脸红。）

6. 你现在已经知道，情绪改变会引起身体反应，你希望做出哪几种影响情感智能的根本改变？你想如何训练自己的大脑？

7. 在学习察觉或管理自己情绪的过程中，你有没有一次特别的经历？在学习觉察他人的感受方面，有没有一次特别的经历？

8. 你在工作当中是如何面对自己情绪的？在书中有没有什么内容，可以在以后半年的工作中帮助你的？有没有什么内容，可以在下一个星期帮助你的？

9. 情商技能在最新时事中有什么体现？可以就政治、名流以及运动员等等进行讨论。

10. 你能想到哪个历史人物或历史事件被不良或卓越的情绪管理技能造成影响吗？

11. 只有 36% 的人在情绪发生时，能准确识别自己的情绪。你觉得为什么会如此呢？人要怎么做才能在这方面有长进呢？

如果小组决定在讨论前先做网上情商评估测试，可以把测试结果带来，讨论以下问题。

12. 你的哪项情商技能得分最高（不用把你的得分告诉别人）？

13. 你的哪项情商技能得分最低？为了提高这项技能，你要采用哪些策略进行练习？

14. 对你来说，练习情商技能最大的困难在哪里？

15. 你想从小组其他成员那里了解到什么情况？他们
    如何让自己——

    - 更具备自我意识？

    - 自我管理？

    - 察觉他人的感受或情绪？

    - 管理人际关系？

16. 思考以下有趣的研究成果，并在小组中进行讨论：

    - 情商随着年龄而提高。

    - 婴儿潮一代与第四代人相比，在情商上最大
      的差别在于自我管理技能。

    - 女性与男性的自我意识平均值相同，但男性
      在自我管理的得分高于女性，女性在群体意
      识和人际关系管理的得分高于男性。

    - 一般说来，总经理和其他高级行政人员在工
      作场所的情商得分最低。

Emotional
Intelligence 2.0

# 策划人后记
# 成功的"捷径"

2009 年初，我在香港参加了一个亚太区高级管理人员培训。临近结束的时候，导师让我们做了一个情商测试，还简单地问了我的测试结果，并做了分析。当时我半懂不懂，也没怎么细看，把测试结果存档在某个地方，就把这件事情搁置起来了。

一段时间以后，我发现自己心里总想起关于情商测试的这一本书。多年来，我们从没涉及过情商方面的书，我自己对情商的概念也只知道皮毛。我感觉自己的情商不算高，所以，干脆趁这个机会，在提升自己的同时，也给大家带来一些新的阅读感受吧！于是，我就把这本书推荐给北京的一个出版商，让他们帮忙联系版权事宜。

没过多久，版权联络、翻译工作都顺利完成了。做完书稿的审译工作后，我忽然想起了自己那份情商测试结果，就赶紧去到电脑文件堆里翻找。找了很久，终于找到了这个测试结果的文件，不看还好，一看很吃惊：我的个人能力（自我意识和自我管理）得分还是不错的，但社会能力（群体意识和人际关系管理）得分非常低，居然比全世界

80% 的人更低。

知道我在群体意识和人际关系管理这两个方面得分很低，一方面让我很汗颜，有点不安；但另一方面，也让我知道应该在哪方面改善——这是最有价值的地方。

情商对人际关系的培养和强化具有极大的意义，而人际关系可以决定一个人能否真正成功。一个被人们普遍接受的说法是，在成功的因素中，产品知识和工作技能只占了 13%，而人际关系则占了 87%。这样看来，情商和成功之间直接和间接的关系，就相当大了。

当然，人是复杂的，人际关系更需要多方面的努力、多年的精心耕耘，这是一辈子的过程，不能一蹴而就。而且，良好的人际关系也不仅仅涉及情商，更重要的是价值观和品格，后者才是健康和长远人际关系的基础。要培养人际关系，如果没有坚实、正确的价值观，没有爱、诚信、喜乐、忍耐、节制等等内在的、潜移默化形成的品格，哪怕再多的情商技巧，都无异于在沙滩上建高楼。虽然，本书作为情商方面的专题论著，对于其他方面并没有太多的论述，但我坚信，对于我的这个观点，本书的两位作者一定也是赞同的。我们推荐的很多书都是关于价值观和品格的话题，这些书相信各位读者朋友都能够找到，并从中有所收获。

大家应该听到过"逆境商数"这个说法。我听过非常好的一句话：即使用世界上最好的方法，失败的次数还是要比成功的次数多得多。世界上最伟大的人，他们失败的次数，一定远远多过成功。无论一个人的智商和情商多高、人际关系多好，如果逆境商数不够高，他的成功之路就会是很"短命"的。

所以，成功有捷径吗？可以说有，也可以说没有。如果说有的话，那就是"智商＋情商（当然是建立在正确价值观和品格基础上的）＋逆商"吧！

最后，用一句我最喜欢的话来结束本书的分享：

祝愿各位朋友的生命，因为打开这本书而变得不同。

赖伟雄

2010 年 8 月 17 日

CPSIA information can be obtained
at www.ICGtesting.com
Printed in the USA
BVOW08s1402050917

493940BV00001B/57/P